HANIF KUREISHI

le déclin de l'occident

du même auteur
chez le même éditeur

black album
des bleus à l'amour
contre son cœur
intimité
intimité : le scénario
le bouddha de banlieue
my beautiful laundrette / sammy et rosie s'envoient en l'air
la lune en plein jour
le corps
le don de Gabriel
quelque chose à te dire
souvenirs et divagations

du même auteur
dans la collection Titres

le mot et la bombe

HANIF KUREISHI

le déclin de l'occident

Traduit de l'anglais par Florence Cabaret

Christian Bourgois éditeur

Titre original :
Collected Stories

ISBN 978-2-267-02111-0

Les chiens

Il avait plu toute la nuit ; heureusement, on pouvait se tenir à la rampe pour descendre cet escalier en pierre particulièrement raide. De sa main libre, elle saisit le poignet de son fils ; elle le retenait chaque fois qu'il glissait. Le prendre à bras, c'était trop dangereux : à cinq ans, il devenait trop lourd pour qu'elle puisse le porter longtemps.

Des branches couvertes de feuilles collantes balayaient l'escalier ; parfois, elles encombraient tellement le passage qu'ils devaient les enjamber ou passer en dessous. Les marches étaient irrégulières, inclinées, usées et souvent abîmées. Il y en avait beaucoup plus qu'elle ne l'avait imaginé. Elle n'était jamais passée par là mais on lui avait dit que c'était le seul chemin et que l'homme l'attendrait de l'autre côté du terrain. Une fois arrivé en bas, son fils retrouva un peu d'entrain ; il cria : « Attrape-moi ! » C'était son jeu préféré, il se mit à courir dans l'herbe ; la peur la saisit mais elle ne voulait pas l'effrayer avec ses angoisses. Elle courut après lui à travers le petit bois qui se trouvait juste devant ; un court instant, elle perdit sa trace. Elle dut l'appeler plusieurs fois avant de l'entendre qui lui répondait.

Leurs pieds s'enfonçaient dans l'herbe épaisse mais un sentier commençait à apparaître. Bientôt, ils débouchèrent à l'air libre, sur un espace qui ressemblait plus à terrain communal qu'à un parc ; il leur faudrait au moins une quarantaine de minutes pour le traverser : c'était bien ce qu'on lui avait dit.

Il se tenait à bonne distance et n'était qu'un point au loin mais elle repéra tout de suite le chien. Presque aussitôt, l'animal lui sembla plus gros ; on aurait dit un projectile compact et court sur pattes. Elle savait que les chiens appartenaient tous à des races différentes, dalmatiens, chihuahuas et autres espèces, mais elle ne retenait jamais les noms. Tandis qu'il se rapprochait de son fils, elle se demandait s'il ne cherchait pas une balle cachée dans l'herbe. Mais elle n'en voyait aucune et le petit chien au collier clouté avait surgi de nulle part, telle une ombre lancée à toute vitesse sur l'horizon, avant de se diriger vers eux en courant. Il n'y avait pas de propriétaire en vue, il n'y avait aucun être humain en vue.

Quand le garçon aperçut le chien, il s'arrêta net, le suivant d'un regard curieux qui s'emplit bientôt d'effroi. Sa mère ne pouvait rien faire si ce n'est hurler et se mettre à courir. Le chien avait déjà renversé son fils, il avait commencé à le mordre – non : à le dévorer, rageusement.

Elle portait de lourdes chaussures mal lacées et lui envoya un grand coup de pied dans les côtes, suffisamment fort pour lui faire lâcher prise ; il eut un air surpris. Elle tira le garçon vers elle mais ne put examiner ses blessures car elle devait le porter aussi haut qu'elle le pouvait tout en continuant à avancer, avec le chien à ses côtés qui aboyait, sautait, bondissait. Elle ne comprenait pas pourquoi elle n'éprouvait aucune fascination pour ce chien.

Elle commença à crier, à hurler ; elle paniquait de savoir qu'elle n'arriverait pas à porter son fils très longtemps. Elle fatiguait : elle s'arrêta, donna un autre coup de pied au chien, en pleine tête cette fois, si bien qu'il abandonna.

Immédiatement, un molosse à poils longs qui se trouvait dans les bosquets tout proches se mit à courir dans leur direction. Quand il sauta pour attaquer l'enfant, elle sentit autour d'elle la présence de nombreux autres chiens, de toutes les couleurs, de toutes les tailles, qui sortaient du bois et arrivaient de toutes parts. Qui les avait appelés ? Pourquoi étaient-ils là ?

Elle glissa, fut traînée par terre puis elle resta recroquevillée à même le sol, s'efforçant de protéger son fils alors que les animaux formaient un cercle et s'attaquaient à elle. S'ils voulaient avoir le garçon, il faudrait d'abord qu'ils la mettent en pièce, mais ça ne leur prendrait pas longtemps : ils étaient si nombreux, ils avaient tellement faim aussi.

Il y a longtemps hier

Un soir, alors que je venais tout juste d'avoir cinquante ans, j'ai poussé la porte d'un pub situé à quelques pas de la maison où j'habitais quand j'étais enfant. Mon père, qui revenait de Londres où il travaillait, était là, au bar. Il ne m'a pas reconnu mais, moi, j'étais ravi, presque extatique, de le revoir, d'autant que ça faisait dix ans qu'il était mort, et ma mère cinq ans.

« Bonsoir, lui ai-je dit en arrivant à sa hauteur. Ça fait plaisir de te voir.

— Bonsoir.

— C'est toujours pareil ici, lui ai-je fait remarquer.

— C'est pour ça qu'on l'aime, cet endroit », a-t-il répondu.

J'ai commandé quelque chose à boire ; j'en avais besoin.

Avisant la date d'un journal qui traînait là, j'ai calculé que Papa était un tout petit peu plus vieux que moi, il avait presque cinquante et un ans. Nous étions aussi égaux, ou aussi contemporains, que nous pourrions jamais l'être.

Il discutait avec un homme assis sur un tabouret à côté de lui ; la serveuse riait à gorge déployée avec eux deux. Je connaissais Papa mieux que personne, ou c'est ce que je croyais, et j'étais tenté de l'embrasser ou, tout au moins, de lui embrasser les mains, comme avant. Je me suis retenu et je l'ai regardé, installé confortablement en compagnie de cet homme qui, je le reconnaissais maintenant, était le père d'un de mes camarades d'école. Ni l'un ni l'autre n'a semblé trouver bizarre que je me joigne à eux.

Comme c'est le cas pour beaucoup de gens, quelques-uns de mes meilleurs amis sont passés du côté des morts. Je rêve souvent de mes deux parents, de la maison où j'ai grandi, bien qu'elle n'ait rien d'extraordinaire. C'est sûr, je n'avais jamais imaginé que Papa et moi pourrions nous retrouver à discuter ainsi.

Quelque temps auparavant, j'avais eu le drôle de sentiment que j'étais étranger à moi-même. J'avais été frappé par ma cinquantième année comme par une tragédie où dominait le sentiment d'une vie gâchée par de multiples choix. Pourtant, je pouvais difficilement me plaindre : j'étais producteur de théâtre, de cinéma ; j'avais plusieurs maisons, à Londres, à New York et au Brésil. Mais je ne pouvais m'en empêcher, malgré tout. J'avais pris conscience de quelques faiblesses mentales qui m'épuisaient, même si elles ne me détruisaient pas.

C'est un lundi que j'ai fait cette rencontre avec Papa. J'avais passé le week-end précédent chez des amis qui ont une belle maison à la campagne, des relations enrichissantes, de beaux tableaux et une excellente cuisinière. La guerre en Irak, qui venait de se déclarer, était partout sur les écrans de télé. Nous étions une vingtaine d'amis, vieux et jeunes, à nous prélasser dans de confortables canapés, buvant du champagne et gloussant, mais l'évocation des milliers de bombes qui faisaient voler en éclats des charrettes tirées par des ânes, de misérables demeures et le corps de leurs habitants, avait déprimé tout le monde. Nous avions conscience que le dégoût était général à travers le pays et que Tony Blair, notre seul espoir après toutes ces années passées dans l'opposition, était maintenant le Premier ministre le plus déconsidéré, le plus détesté depuis Anthony Eden. Nous vivions une époque de mensonge, de tromperie, d'aliénation. C'était lourd à porter et, en comparaison, nos vies donnaient la désagréable impression d'être triviales.

J'étais parti juste après le déjeuner et le taxi arrivait à la gare quand j'ai pensé que j'avais oublié chez mes amis un trombone tordu avec lequel je m'étais amusé. Il était dans leur bibliothèque, là où j'avais trouvé un ouvrage sur l'hypnose dans l'œuvre de Maupassant et sur les expériences de Dickens en la matière, qui lui avaient valu bon nombre de problèmes avec l'épouse d'un ami à lui. Le taxi me ramena chez eux mais la femme de ménage venait tout juste de finir son travail. Est-ce que je voulais regarder le sac à poussière de l'aspirateur ? demandèrent mes amis. Ils se regardaient en se faisant des grimaces. Mais, depuis un petit moment déjà, je considérais que j'étais du genre héroïque, étant donné ce que j'avais réussi à mener à bien en dépit de mes obsessions. C'était mon psy qui parlait en ces termes. Ça tombait bien, je voyais ce bon docteur le lendemain justement.

J'étais désespéré d'avoir perdu mon trombone mais je suis quand même retourné à la gare. J'étais venu en voiture et c'est seulement au retour que j'ai pris conscience que le train s'arrêtait dans une gare de banlieue toute proche de la maison de mon enfance. Alors que nous ralentissions en arrivant à quai, je me suis rendu compte que j'essayais de retrouver des choses connues, des visages familiers même, alors que cela faisait plus de trente ans que j'étais parti. Mais il pleuvait tellement qu'il était presque impossible de distinguer quoi que ce soit à l'extérieur. Au moment où le train allait redémarrer, j'ai pris mon sac, je suis descendu, pour me retrouver dans la rue sans savoir ce que j'allais faire.

Autrefois, près de la gare, il y avait une petite boutique de disques, une librairie, un magasin où acheter des jeans et des pubs où j'allais, à cette époque-là, avec un esthète qui habitait un meublé dans le coin ; c'est la première personne à qui j'ai parlé de mon homosexualité. Bien sûr, il avait tout de suite compris. Son idole, c'était Jean Cocteau. On discutait littérature française, Oscar Wilde, musique pop, puis on prenait nos pilules d'ecstasy, avant d'aller se maquiller dans les toilettes de la gare et de prendre le train pour filer en ville. Avec un autre ami blanc, qui s'habillait comme Jimi Hendrix, on allait voir toutes les pièces de théâtre, tous les spectacles. Au bout du compte, j'ai trouvé un boulot de guichetier dans le West End. Puis, j'ai travaillé à l'installation des décors, j'ai été souffleur, costumier, metteur en scène même, avant de trouver ma « voie » comme producteur.

À un moment, j'ai demandé à mon père comment il s'appelait, ce qu'il faisait. Je savais comment m'y prendre avec lui, bien sûr. En un rien de temps, il s'intéressait plus à moi qu'à son voisin. Pour autant, ma peur était toujours là : ne se ressemblait-on pas ? Je n'en étais pas certain. Mes vêtements, ainsi que mes nouvelles dents étincelantes, m'avaient coûté plus cher qu'à lui ; j'étais plus costaud, plus grand, d'un bon tiers dans les deux cas (j'ai toujours pris soin de mon corps). Mais j'avais des cheveux gris, puisque je ne me teins pas. Papa, lui, avait encore presque tous ses cheveux bruns.

Toute sa vie, mon père a été comptable et il a travaillé dans le même bureau pendant quinze ans. Il me racontait qu'il avait deux fils : Dennis, qui était dans l'armée de l'air, et moi, Billy. Quelques semaines plus tôt, j'étais parti à l'université où, apparemment, je m'en sortais bien. On admirait ma production de *En attendant Godot*, jouée uniquement par des actrices – « une pièce sacrément déprimante » aux dires de mon père. Je voulais lui expliquer : « Mais ce n'est pas moi qui l'ai mise en scène, Papa, je ne suis que le producteur. »

Quand je m'étais présenté à lui, je lui avais dit que je m'appelais Peter : c'était le nom que j'utilisais parfois, ainsi qu'un personnage pour lequel je m'étais créé une autre personnalité, à l'occasion de plans sexes incognito. Dans les faits, je n'avais pas réellement besoin d'un masque : Papa m'a demandé d'où j'étais, ce que je faisais mais, chaque fois que j'essayais de lui répondre, il m'interrompait de ses nombreux conseils et avis divers.

Il m'a dit qu'il avait besoin de s'asseoir à cause de sa sciatique qui le lançait ; je me suis installé à une table avec lui. Il regardait la serveuse :

« Elle est jolie, tu ne trouves pas ?

— Elle a de beaux cheveux. Dommage que ses vêtements ne soient pas assortis.

— Qui te parle de ses vêtements ? »

C'était une facette de mon père que je ne connaissais pas ; peut-être qu'il amorçait un nouveau tournant. Je ne l'avais jamais vu aller au pub quand il revenait du travail ; il rentrait directement à la maison. Une fois Dennis parti, j'avais réussi à me garder les soirées de mon père pour moi tout seul. Tous les jours, je l'attendais à l'arrêt du bus, prêt à lui prendre sa mallette. En arrivant, je lui préparais une tasse de thé pendant qu'il se changeait.

La serveuse s'est dirigée vers nous, pour récupérer les verres et vider les cendriers. Alors qu'elle se penchait au-dessus de la table, Papa a posé la main au-dessus de son mollet et l'a remontée le long de sa jambe, jusque sous sa jupe, jusqu'aux fesses, qu'il a entrepris de caresser, de peloter, de malaxer, mais elle s'est écartée violemment, le fixant d'un air complètement effaré, hurlant qu'elle détestait ce pub, les hommes qui venaient là ; elle lui a demandé de sortir sinon elle appelait le patron, qui serait le premier à le mettre dehors.

Effectivement, le patron a rappliqué. Il a repris son verre à Papa, le menaçant du poing quand celui-ci s'est précipité pour sortir, laissant sa mallette où il l'avait posée. Je n'avais jamais vu Papa aller au travail sans son attaché-case et je ne l'avais jamais vu l'oublier nulle part. Avec mon frère, on disait que son attaché-case lui était toujours attaché.

Dehors, tandis que mon père arrangeait ses vêtements, je le lui ai tendu.

« Merci, m'a-t-il dit. J'aurais pas dû faire ça. Mais une fois, il fallait que j'essaie au moins une fois. Imagine, si c'était la dernière fois que quelqu'un me touchait ! »

Puis il m'a demandé : « Tu vas où ?

— Je vais t'accompagner un bout de chemin, lui ai-je répondu. Mon sac n'est pas lourd. Je ne fais que passer. Il faut que je reprenne un train pour Londres mais il n'y a pas d'urgence. »

Alors, il m'a proposé : « Pourquoi tu ne viens pas boire un verre à la maison ? »

Mes parents vivaient suivant un rythme très strict, d'une régularité toute mathématique. Pourquoi donc se mettait-il à inviter un inconnu chez lui ? J'ai toujours été son seul ami ; la relation que nous avions l'un avec l'autre nous avait toujours beaucoup occupés.

« Tu es sûr ?

— Oui, a-t-il répondu. Viens. »

Ruissellement de bruit, de nuit, de pluie, partout : on n'y voyait pas à un mètre. Mais, tous les deux, nous connaissions bien le chemin ; Papa avançait doucement, la bouche ouverte pour mieux inspirer. Il avait l'air plutôt heureux, peut-être de ce qu'il avait fait au pub, ou peut-être parce que ma présence l'avait requinqué.

Pourtant, lorsque nous avons débouché dans la rue familière et impeccable qui, à ma grande surprise, était restée exactement au même endroit pendant toute mon absence, je me suis senti glacé. Dans mes rêves les plus récents, aussi évanescents que des fresques anciennes exposées à la lumière, cette rue de banlieue était sombre, lugubre sous les ombres jaunes des lampadaires, pleine de fleurs blanches, saturée d'une étouffante odeur de mort, comme si elle était ensevelie sous des monceaux de roses. Comment est-ce que je pouvais hésiter à ce stade ? Arrivé à la maison, Papa s'est précipité pour ouvrir la porte du salon. J'ai cligné des yeux ; elle était là, Maman, dans son fauteuil, les pieds relevés, en train de tricoter, une boîte de chocolat posée sur la petite table à côté, où ses doigts fouillaient le papier gaufré, en quête de quelque trésor.

Mon père m'a laissé, le temps d'enfiler son pyjama et sa robe de chambre. La présence d'un invité, d'un inconnu ne le détournait pas de sa routine, sans laquelle il n'avait plus de repères.

Je suis resté là où j'avais l'habitude de m'installer, juste derrière le fauteuil de ma mère. De cet endroit, où son plaisir ne serait perturbé par aucun bruit, aucune plainte, ni même par la vue de mon visage, je lui ai raconté que Papa et moi nous étions rencontrés au pub et qu'il m'avait invité à prendre un verre. Ma mère a dit :

« Je ne crois pas que nous ayons quoi que ce soit à boire, à moins qu'il reste quelque chose depuis Noël dernier. Ça ne tourne pas, l'alcool, n'est-ce pas ?

— Effectivement, non.

— Maintenant, taisez-vous. Je regarde la télé. Vous regardez des feuilletons ?

— Pas beaucoup. »

Peut-être la blancheur inquiétante de mes rêves était-elle une émanation de la blancheur de tout ce que Maman avait fait en tricot et au crochet dans sa vie – repose-tête, gants, coussins ; dans la maison, il n'y avait pas un meuble qui n'arbore une de ses créations. Et, même adulte, je ne pouvais acheter une paire de gants sans me dire que je ferais mieux de mettre ceux de ma mère.

Je suis allé dans la cuisine préparer du thé pour mon père et pour moi. Maman lui avait laissé son repas au four : des saucisses, de la purée et des petits pois, secs comme du bois maintenant, disposés dans une grande assiette à alvéoles toute craquelée. Maman m'avait demandé si je voulais quelque chose mais comment est-ce que j'aurais pu manger quoi que ce soit dans cet endroit ?

En attendant que l'eau soit chaude, j'ai fait un peu de vaisselle, tout en regardant le jardin depuis la fenêtre de l'évier. J'ai apporté à mon père son assiette et une tasse de thé dans son bureau, qui était une salle à manger à l'origine. J'ai fait un peu de place pour poser le tout sur la table, encombrée de livres empruntés à la bibliothèque.

Quand j'avais fini mes devoirs, Papa aimait bien que j'épluche le programme radio où je repérais des émissions que je pourrais lui enregistrer. Si j'étais dans un jour de chance, il me faisait la lecture ou il évoquait la vie des artistes qui le fascinaient à ce moment-là, et qui étaient ses vrais compagnons. Ils menaient des vies exemplaires : seul un imbécile aurait cherché à rivaliser. Tout en l'écoutant, je glissais la main sous le haut de son pyjama pour lui chatouiller le dos, ou je lui frictionnais le crâne, ou encore je lui massais les bras jusqu'à ce qu'il ferme les yeux de contentement.

Maintenant qu'il avait revêtu ses habits de nuit, qu'il s'était attablé pour manger, mon père me raconta qu'il s'était lancé dans un « programme de lecture sur cinq ans ». Il travaillait sur *Guerre et paix*. Il passerait ensuite à la *Recherche*, puis ce serait *Middlemarch*, l'intégrale de Dickens, Homère, Chaucer, et ainsi de suite. Il tenait un carnet distinct pour chaque auteur.

« C'est en étant méthodique, m'a-t-il fait remarquer, qu'on parvient à tout connaître en littérature. Tu trouveras toujours quelque chose qui t'intéresse, c'est évident, parce que, ensuite, il y a la musique, la peinture, toute l'histoire de l'homme, en fait... »

À l'écouter parler ainsi, je me suis souvenu d'un prix que j'avais gagné à l'école pour un texte que j'avais écrit sur le temps perdu. Je n'avais pas cherché à expliquer comment on peut dilapider son temps, ce qui aurait pu donner lieu à un texte utile et vivant, mais plutôt comment on peut le mettre à profit en remplissant chaque minute avec telle ou telle activité. Papa incarnait mon idéal. Il lisait même dans son bain et, tandis qu'il était allongé dans l'eau, il fallait que je lui lave les pieds et les cheveux avec du savon et un gant de toilette. Quand il en avait fini, je l'attendais avec une serviette chaude.

Je l'ai interrompu :

« Tu voulais sans doute faire connaissance avec cette femme ce soir ?

— Quoi ? C'est d'un calme, ici ! On écoute un peu de musique ? »

Il avait raison. Comparé à la ville et à la campagne, il n'y avait pas plus calme que la banlieue – le silence des gens qui retiennent leur respiration.

Mon père m'a montré un disque qu'il avait trouvé à la bibliothèque. « Tu connais ça, mais pas encore assez bien, je t'assure. »

La Cinquième de Beethoven était un drôle de choix de musique de fond mais est-ce que je pouvais me permettre de me gausser ? Sans son enthousiasme, je n'aurais jamais pu remplir ma vie de musique comme je l'ai fait. Maman jouait de l'orgue à l'église et elle nous emmenait voir des ballets, *Casse-Noisette* souvent, ou la troupe du Bolchoï quand elle passait à Londres. Mes parents allaient parfois au bal ; j'adorais quand ils s'habillaient pour sortir. C'est à partir de minuscules moments d'inspiration comme ceux-là que j'ai trouvé de quoi donner du sens à toute une vie.

Mon père m'a demandé :

« Tu crois que je pourrai y retourner dans ce pub ?

— Si tu t'excuses.

— Je ferais mieux de laisser passer quelques semaines. Je ne sais pas ce qui m'a pris. Elle n'est pas juive cette femme, pourtant ?

— Je ne sais pas.

— D'habitude, elle écoute volontiers quand je lui parle de mes douleurs ; et à qui d'autre en parler à nos âges ?

— Où tu as des douleurs ?

— Quand je marche jusqu'à la gare, parfois, je n'y arrive plus. Il faut que je m'arrête et que je m'appuie à quelque chose.

— J'ai appris à masser les gens.

— Ah bon. »

Il a posé ses jambes sur mes genoux. Je lui ai pétri les pieds, les chevilles, les mollets ; il ne me regardait plus maintenant. Il m'a dit :

« Tes mains sont fortes. Mais tu n'es pas plombier, hein ?

— Je t'ai dit ce que je faisais. J'ai un théâtre et, pour le moment, je participe à la création d'une fondation d'art dramatique, une sorte d'école pour les jeunes.

— Tu es homosexuel ? m'a-t-il demandé à voix basse.

— Oui. Je n'ai jamais vu une bite qui ne me plaise pas. Et toi ?

— Moi ? Si je devais être comme ça, je l'aurais remarqué depuis le temps, tu ne crois pas ? Mais je n'ai jamais tellement fait grand-chose de mon goût pour les femmes.

— Jamais une infidélité ?

— J'ai toujours aimé les femmes.

— Et est-ce qu'elles t'aiment, toi ?

— Au travail, les secrétaires sont gentilles. Ce n'est pas tant que je ne puisse rien faire. Mais je ne peux pas me payer une “professionnelle”.

— Tu vas régulièrement au pub ?

— J'ai commencé à y passer après le travail. Mon Billy est parti de la maison.

— C'est définitif ?

— Après la fac, il reviendra tout droit me voir, tu verras. En pleine nuit, à cette heure-ci, j'étais toujours en train de lui parler. On peut transmettre beaucoup de choses à un gamin, sans qu'il s'en rende compte. Ma femme n'a jamais rien à me dire. Et il n'y a rien qu'elle aime faire pour moi non plus.

— Et côté sexe ?

— Déjà à toi, elle doit te paraître impressionnante, mais quand tu la vois en vrai, elle est encore plus impressionnante ; au lit, elle m'écrase comme un moucheron. Sans mentir, je peux te dire que ça fait dix-huit ans que je ne l'ai pas touchée.

— Depuis la naissance de Billy ? »

Il m'a répondu, tout en se laissant caresser :

« Elle n'a jamais manifesté beaucoup d'enthousiasme pour la chose. Et, aujourd'hui, elle est indifférente… pétrifiée… presque morte.

— Les gens sont plus effrayés par leurs propres passions que par n'importe quoi d'autre. Mais c'est une cruelle privation qu'elle t'impose là. »

Il a hoché la tête.

« Vous, cochons d'homos, vous en profitez bien, j'imagine, à vous reluquer dans les toilettes et tout ça…

— C'est ce que les gens croient, la plupart du temps. Mais ça fait cinq ans que je vis seul.

— J'espère qu'elle mourra avant moi : j'aurais peut-être une chance… Nous, les hommes ordinaires, on continue ainsi uniquement pour les enfants. Mais ça, tu ne le connaîtras jamais.

— Tu as raison. »

Il me montra des photos de moi et de mon frère.

« Sans ces petits-là, je ne serais rien. C'est ridicule de vouloir vivre pour soi seulement.

— Tu crois que je ne le sais pas ? À moins de rencontrer des gens pour qui on a envie de vivre.

— J'espère que c'est ton cas ! Mais ce n'est pas pareil d'avoir sa propre famille. »

Si la mortification de la fidélité met l'amour en péril, il y a toujours la consolation des enfants. J'avais été la « fille à son papa », son serviteur, son adorateur ; c'est ma foi en lui qui l'avait maintenu en vie. Il faisait l'objet d'un véritable culte de la personnalité ; mon frère et moi, nous étions ses miroirs.

À ce moment-là, Maman a entrebâillé la porte, juste assez pour nous apercevoir, et réciproquement : elle a annoncé qu'elle allait se coucher.

« Bonne nuit », lui ai-je répondu.

Mon père a raison pour ce qui est des enfants. Mais qu'est-ce que je pourrais y changer ? J'avais acheté une vieille usine sur mes fonds personnels pour la transformer en école d'art dramatique, qui permettrait aux jeunes de travailler avec des acteurs confirmés. J'y passais tellement de temps que j'y avais installé mes bureaux. C'est là que j'irais en sortant de chez mes parents : je m'installerais au café pour voir qui passait par là, ce qu'ils attendaient de moi, s'ils voulaient quelque chose. En prenant de l'âge, je me débarrassais de tout ce que j'avais accumulé. L'un des textes préférés de mon père était un texte de Tolstoï intitulé « De combien de terre un homme a-t-il besoin ? ».

J'ai poursuivi :

« Avec ou sans enfants, tu es toujours un homme. Il y a des choses que tu désires que les enfants ne peuvent te donner.

— Dans cette rue, nous avons tous un passe-temps.

— Les femmes aussi ?

— Elles font de la couture, ou je ne sais quoi. Elles ne restent jamais sans rien faire. Mon fils a rédigé un bel essai sur l'utilisation que nous faisons du temps. »

Il buvait son thé à petites gorgées ; il écoutait Beethoven, en boucle, à fond. Il paraissait heureux de me laisser m'occuper de ses jambes. Et comme il n'avait pas envie que j'arrête, je lui ai demandé de s'allonger par terre. Avec un empressement que je lui connaissais bien, il a retiré sa robe de chambre et son haut de pyjama ; je massais chaque partie de son corps, je répétais « Papa, Papa » dans un murmure. Quand il s'est relevé, je me tenais prêt, avec la robe de chambre chaude que j'avais posée sur le radiateur.

Il était tard mais pas trop tard pour partir. Il n'était jamais trop tard pour quitter la banlieue mais mon père m'a invité à rester. J'ai accepté sans imaginer qu'il me proposerait de dormir dans mon ancienne chambre, dans mon lit.

Il m'a accompagné en haut, je suis rentré dans la pièce, enjambant pochettes de disques, magazines, vêtements et livres. J'étais particulièrement content de revoir mon piano. Je joue encore un peu mais, à l'époque, j'écrivais surtout des chansons que je griffonnais dans des carnets, sur un coin du piano. Je ne suis pas certain d'avoir envie de les relire. Quand j'ai commencé à travailler pour le théâtre, je ne les ai montrées à personne et, petit à petit, j'ai fini par penser que ça ne servirait à rien d'y revenir.

J'étais là, à frissonner, mais il fallait que je regarde la vérité en face : mon secret, ce n'était pas tant que je ne m'étais pas reproduit mais bien que j'avais eu envie d'être artiste, pas seulement producteur. Si je voulais des coupables, je pouvais accuser mes parents : ils avaient toujours considéré qu'ils n'étaient que des spectateurs, relégués à l'arrière-plan de la vie. Mais c'était moi qui avais manqué de cran – pour affronter échecs, réussites ; pour me lancer dans cette tentative parfaitement folle et indigne d'accéder à l'originalité. Je n'avais jamais été qu'une servante, d'abord pour mon père et ensuite pour les autres, les artistes que j'avais soutenus. Comment avais-je pu imaginer que ce serait suffisant ?

Mon lit était étroit. À travers la mince cloison, j'entendais mon père ronfler ; je l'entendais chaque fois qu'il se retournait. C'est vrai que je ne les avais jamais entendus faire l'amour. D'une certaine manière, ils avaient transformé l'idée d'amour physique en une perspective ridicule pour l'un comme pour l'autre. Comment les gens pouvaient-ils avoir envie de faire quelque chose de si grotesque avec leur corps ?

Je n'entendais pas ma mère. Elle ne ronflait pas mais elle gémissait régulièrement sur le sort de l'Angleterre. Je me levai et me retrouvai en haut de l'escalier. Je la voyais dans la lumière de la cuisine, avec sa robe de chambre, ses bas tire-bouchonnés sur les chevilles, s'entretenant à voix basse avec les fantômes qui réclamaient son attention dans sa tête.

Elle se tenait immobile, se grattant et arrachant la peau de ses bras en lambeaux. Dans la journée, elle portait toujours des manches longues pour dissimuler son « eczéma ». Mais là, je la regardais tandis que des flocons de peau tombaient sur le tapis, comme si elle devenait poussière. Elle dispersa les copeaux de son corps d'un mouvement délicat de son pied de ballerine.

Quand j'étais enfant, et même quand j'étais jeune homme, je n'aurais jamais approché Maman quand elle était dans cet état. Elle nous avait toujours bien fait comprendre que l'agitation et les exigences de deux garçons la dépassaient complètement. Bien sûr, elle ne pouvait souhaiter notre mort, ce pourquoi c'est elle qui est morte, à l'intérieur.

Un jour, mon thérapeute m'a demandé si mon père et moi, nous étions capables de rester silencieux l'un avec l'autre. Question plus pertinente encore, aurais-je pu dire : Est-ce que ma mère et moi pouvons nous retrouver ensemble sans que je lui raconte mille et une choses sur ce qui m'est arrivé pour la distraire d'elle-même ? À un moment donné, j'ai décidé de descendre l'escalier ; je ne la quittais pas des yeux. Elle était un peu comme une musique difficile : on n'avait pas envie de trop s'en approcher. Mais, tout comme pour ce genre de musique, je ne conseillerais pas d'essayer de la comprendre ; il faut vous asseoir à côté d'elle et attendre qu'elle s'adresse à vous.

J'étais à côté d'elle. Elle avait la tête penchée et me jetait un regard en coin.

« Je vais te préparer du thé », lui ai-je dit ; elle a même hoché la tête.

Un jour, à l'occasion d'une de ses errances nocturnes, elle m'était tombée dessus alors que je me masturbais devant une émission de fin de soirée. Il devait y avoir un groupe de garçons, ou Bowie à la télé à ce moment-là. « Je sais qui tu es », m'a-t-elle dit. Ce n'était pas de la désapprobation. J'avais simplement perdu une alliée.

Je lui ai préparé une tasse de thé au citron et la lui ai tendue. Elle buvait tranquillement ; je me suis approché d'elle, tout près : j'inclinais la tête et m'efforçais de voir ce qu'elle voyait et ressentait – elle semblait être animée par une forte électricité intérieure. Il était évident que je ne parviendrais jamais à la guérir. Je pouvais juste essayer d'avoir moins peur de sa folie.

Là-haut, Papa ronflait toujours. Il n'aurait pas aimé me savoir avec elle. Il lui avait pris ses fils, il les avait charmés et il n'était guère partageur.

Elle avait presque fini son thé et commençait à perdre patience. Errant, marmonnant, se grattant : elle avait des choses importantes à faire et le temps passait. Je ne pouvais la retenir plus longtemps.

J'ai dormi au salon dans son fauteuil.

Quand je me suis levé, mes parents prenaient leur petit déjeuner. Mon père avait remis son costume et ma mère portait l'uniforme qu'elle enfile pour aller travailler au supermarché. Je me suis vite habillé pour pouvoir accompagner mon père jusqu'à la gare. Il ne pleuvait plus.

Je lui ai demandé ce qu'il faisait ce jour-là, mais je ne pouvais m'empêcher de penser à ma journée à moi. Je vivais, comme mon thérapeute me le rappelait régulièrement, sous la férule de l'horloge. Je voulais être à l'atelier pour discuter ; je voulais bien manger, bien faire l'amour ; je voulais aller voir un spectacle, danser et faire encore l'amour. Je ne pouvais pas être comme eux.

Arrivés à Londres, mon père et moi nous sommes quittés. Je lui ai dit que j'essaierais de venir le voir la prochaine fois que je passerais dans le coin, mais je n'étais pas certain que je croiserais encore son chemin.

Unions et décapitations

J'ai rassemblé tout le matériel et, maintenant, je les attends. Ils ne vont pas tarder ; ils ne sont jamais en retard.

Vous ne me connaissez pas. Vous ne vous êtes même jamais imaginé que j'existais. Mais je parie que vous avez déjà vu mon travail : il a été diffusé partout, pratiquement sur toutes les chaînes du monde. Ou, tout au moins, on en a montré des extraits. Vous les trouveriez facilement sur internet, là maintenant, si vous en aviez vraiment envie. Si vous pouviez supporter de les regarder.

Je ne pense pas que ce soit mon style, mon talent artistique ou quoi que ce soit d'autre qui vous frappe.

Je filme des décapitations, véritables scènes de la vie ordinaire dans cette ville ravagée par la guerre, la ville de mon enfance.

Jeune, j'adorais le cinéma mais je n'avais jamais nourri l'ambition de faire de tels films. Je n'avais jamais eu envie de filmer des mariages non plus, même s'il y en a moins ici depuis quelque temps. Idem pour les remises de diplômes et autres réjouissances. Mes amis et moi, on a toujours voulu tourner de vrais films, avec des acteurs vivants, des dialogues, des blagues, de la musique, comme on avait commencé à le faire quand on était étudiants. Mais ici, rien de tout ça n'est possible.

Chaque jour, on vieillit un peu plus, on se sent minable, les histoires sont là, elles attendent qu'on les raconte, et nous sommes des artistes. Mais ce truc, ce boulot morbide, a pris le dessus.

Il va de soi que nous n'avons pas couru après ce genre de travail. On nous a « recommandés » et nous ne pouvons pas ne pas le faire ; nous ne pouvons pas dire que nous allons rendre visite à quelqu'un de notre famille ou que nous sommes occupés dans la salle de montage. Ils nous appellent à toute heure, souvent la nuit, et quelques minutes plus tard, ils sont dehors, à nous attendre avec leurs armes. Ils nous font monter dans leur voiture et nous couvrent la tête. Comme on travaille seul chaque fois, ces assassins nous aident à porter notre matériel. Mais c'est à nous d'assurer le son et l'image, de charger la caméra, de trouver le moyen d'éclairer la scène. J'ai demandé à avoir un assistant mais ils n'ont que leurs acolytes à proposer, de vraies brutes qui ne connaissent rien à rien et, quand ils nettoient un objectif, il est plus sale après qu'avant.

Je connais trois autres types qui font le même travail ; on en parle entre nous mais jamais avec personne d'autre, sous peine de finir de l'autre côté de la caméra.

Mon meilleur ami a filmé une décapitation récemment mais il n'est pas metteur en scène ; il est juste écrivain, en fait. Je ne le dirais jamais à qui que ce soit mais je l'imagine mal avec une caméra. C'est lui qui a eu l'idée de faire imprimer des cartes de visite avec « Unions et décapitations ». Quand il y a de l'électricité, on se retrouve chez lui pour regarder des classiques du cinéma en vidéo. Il aime bien les blagues : « Ne te mets pas la tête dans le sable, mon ami, me dit-il quand je repars. Ce n'est pas le moment de perdre la tête. Allez, haut les cœurs ! »

Il ne sait pas trop comment se débrouiller avec la technique – installer la caméra, tout transférer sur l'ordinateur puis sur le Net.

Visiblement, ça ne s'improvise pas.

Il y a quelques semaines de cela, il a salement merdé. Les appareils qu'on utilise sont de bonne qualité puisqu'ils viennent des journalistes étrangers mais, cette fois-là, il n'avait qu'une seule lampe : l'ampoule a explosé et il n'avait rien pour la remplacer. Entre-temps, ils avaient amené la victime. Mon ami a essayé de leur expliquer, il fait trop sombre, on ne va rien voir, on ne peut faire qu'une seule prise. Mais ils étaient pressés et il n'a pu les convaincre d'attendre, ils étaient déjà en train de taillader la gorge ; il a tellement paniqué qu'il s'est évanoui. Heureusement, la caméra tournait. Au final, la scène était sous-exposée ; qu'est-ce qu'ils croyaient ? J'ai bien aimé le résultat – « très David Lynch », lui ai-je dit – mais ils l'ont boxé et n'ont jamais refait appel à lui.

Il a eu de la chance. Mais je me demande s'il n'est pas en train de devenir fou. Sans le dire, il a gardé des copies de ses décapitations et, maintenant, il s'amuse avec sur son ordinateur ; il les démonte, les remonte, met de la musique dessus, swing, opéra, jazz, chansons drôles. C'est peut-être la seule liberté dont il dispose.

Ça pourra vous paraître surprenant mais on est payés pour ce qu'on fait ; ils nous donnent toujours quelque chose « pour le dérangement » et ils nous vannent même : « Vous aurez un prix pour le prochain. Vous aimez ça, hein, les gars ? Les prix, les statuettes, tous ces trucs-là ? »

Mais c'est l'enfer : ce long trajet en voiture, avec la caméra et le pied sur les genoux, l'odeur du sac, les armes, à vous demander si, cette fois, la victime, ça ne pourrait pas être vous. Souvent, on vomit, puis on se retrouve à l'intérieur, dans la pièce, en train de tout installer, on entend des bruits qui nous parviennent d'à côté et on se demande si la vie sur cette terre, c'est vraiment une bonne idée.

Je sais que vous n'avez pas envie que je vous donne trop de détails mais c'est un sacré boulot de décapiter quelqu'un si vous n'êtes pas boucher ; or, ces types n'ont aucune compétence, ils sont seulement pleins d'enthousiasme et ils aiment faire ça. Pour que ça impacte à l'écran, c'est mieux si on arrive à montrer les yeux de la victime juste avant qu'ils ne lui mettent un bandeau. À la fin, ils brandissent la tête dégoulinante de sang et, parfois, on doit faire un peu de caméra à l'épaule pour ne rien manquer. Il faut être très attentif au cadrage. Ça n'aurait aucune valeur si on en loupait un bout (donc, idéalement, il faut avoir un pied qui se dévisse, ce qui est mon cas, mais je ne le prêterai jamais à personne).

Ils hurlent de joie, ils se mettent à tirer en l'air pendant qu'on vérifie la bande et qu'on rembobine.

Ensuite, ils mettent le corps dans un sac et ils vont le jeter quelque part, avant de vous conduire à un autre endroit où on met les images sur un ordinateur pour pouvoir les diffuser.

Souvent, je me demande quel effet tout ça a sur moi. J'essaie de penser aux photographes de guerre qui expliquent que l'objectif leur permet de se tenir à distance de la réalité de la souffrance et de la mort. Mais ces gars-là ont choisi de faire ce boulot, ils y croient. Nous, nous sommes innocents.

Un jour, j'aimerais tourner un vrai film, je commencerais peut-être avec une décapitation, je raconterais comment on en arrive là. Ce sont les vivants qui m'intéressent mais, au rythme où vont les choses, je vais encore faire ça un petit moment. Parfois, je me demande si je vais devenir fou, ou si même cette échappatoire me sera refusée.

Il faut que j'y aille maintenant. Il y a quelqu'un à la porte.

L'agression

C'est l'hiver, un jour ordinaire, pas pire que les autres. Je dépose mon fils à l'école. À neuf heures et quelques minutes, je sors de la cour avec les musulmanes, les Africaines, les Tchèques ainsi que les cadres des classes moyennes, qui consultent déjà leur Blackberry. J'aime bien le trajet du retour à pied, le soulagement et le silence de la solitude ; je pense à tout ce que je dois faire, quelques courses, un peu de shopping, le repas, avant d'aller rechercher le gamin.

Devant l'école, une femme accroche mon regard. Nous autres mères, on se croise deux fois par jour, souvent pendant des années. Elle a l'air sympa, le genre de femme avec qui je pourrais m'entendre. On se sourit ; mais, en fait, on n'a jamais discuté ou pris un café ensemble.

« Je vous dépose ? » me demande-t-elle. Il commence à pleuvoir. On se présente, je monte à côté d'elle. « Vous n'habitez pas à côté du parc ? Je vous laisse au coin, me dit-elle. J'espère que ça vous va. J'ai un peu de temps mais je dois aller au boulot. »

Je me demande pourquoi elle a proposé de m'emmener si elle ne va pas vraiment dans ma direction. Elle est habillée en noir et elle a un style un peu bizarre, comme si elle n'avait pas eu le temps de finir de se préparer. Mais est-ce qu'on n'a pas toutes cet air-là quand on est mère ?

Tandis que je mets ma ceinture de sécurité, elle commence à me parler de son fils, qui a un an de moins que le mien. Il a des « problèmes de comportement », des côtés étranges, difficiles à cerner. On lui fait passer des examens pour différents types de troubles – déficit d'attention, autisme et autre chose encore, mais j'ai oublié quoi. Elle détaille leurs nombreuses visites chez divers spécialistes, experts et médecins ; il en voit beaucoup désormais. C'est une histoire touchante, pas inintéressante, pas si rare non plus.

Après quelques minutes, elle arrête sa voiture au croisement ; j'ouvre la portière, prête à descendre. Je connais cette rue et, d'ailleurs, j'aperçois sur le trottoir un fou que l'on voit souvent dans le quartier ; il est immense, avec des cheveux toujours en bataille, il parle tout seul sur un ton furieux et il a une drôle de façon de marcher, en faisant de très grandes enjambées, tel un géant qui passerait d'un continent à l'autre. Quand il arrive au bout de la rue, il fait demi-tour et il repart en sens inverse.

La femme continue de parler, je hoche la tête, je l'écoute me décrire un des médecins du moment. J'ai mon téléphone et mon sac dans la main droite ; de l'autre, je tiens toujours la portière ouverte. Mais, à cause du fou, je la referme et la verrouille.

Quand je me retourne vers elle pour essayer de la réconforter, je me rends compte qu'elle ne s'intéresse absolument pas à ce que je peux penser, qu'elle n'attend rien de moi. Il faut juste que je sois là, qu'il y ait quelqu'un avec elle, c'est tout.

Je regarde son visage, ses vêtements, ses bagues, ses chaussures ; elle me voit tendre la main vers la poignée en métal pour la deuxième fois. Le fou est passé, ce serait l'occasion de reprendre le cours de ma journée. J'ouvre la portière. Elle voit bien que je m'apprête à sortir, que je rassemble mes affaires mais elle continue de parler.

Je suis assise là et je réalise, avec un étonnement croissant, que rien de ce que je pourrai faire ou dire ne changera quoi que ce soit pour cette femme. Petite, on m'a appris à être polie. De fait, je suis persuadée que si je me comporte mal, les gens vont me détester. Mon mari est différent : il ne craint pas d'être insultant ; ça le réjouit même. À ma place, il ouvrirait la porte, prendrait congé et s'en irait. Je l'entends me dire : « Qu'est-ce que ça change ? Ils n'en mourront pas. »

Par-dessus tout, j'ai envie qu'il m'appelle là, qu'il mette un terme à cette scène, qu'il m'aide à comprendre. La femme parle à toute vitesse mais ce qu'elle dit est très clair ; rien à voir avec le fatras incompréhensible d'un psychotique ou le ton monocorde d'un dépressif.

« Le médecin était gentil, il portait un costume, il lui a posé beaucoup de questions à mon fils. Il a demandé à lui parler seul à seul. Alors, j'ai dit... » On pourrait imaginer une pause à ce moment-là mais, de toute évidence, elle a un don pour enchaîner les phrases sans interruption. « On a essayé un autre médecin, quelqu'un nous l'avait recommandé… Et puis, bien sûr, mon mari et moi, on a nos problèmes à nous… »

Je vois bien qu'elle a remarqué ma main posée sur la poignée de la portière ; c'est un regard, pas un échange de regards, mais cette manifestation de mon désir de fuite n'a aucun effet.

Ça commence à être insupportable. Pour me prouver à moi-même que je ne manque pas de courage, j'essaie de l'interrompre, j'ouvre la bouche pour prendre mon élan mais je n'ai encore rien dit qu'elle lève le doigt pour mieux préciser : « Je termine juste. »

Voilà quinze ou vingt minutes que ça dure. Est-ce qu'il y a quelque chose chez moi qui provoque ce genre de maltraitance ? Qu'est-ce que ça pourrait bien être ? Comment aurait-elle pu le repérer alors que je ne lui ai jamais parlé ?

Une heure plus tard – eh oui, une heure –, je sens que je deviens claustrophobe ; je ne peux ni parler ni me faire entendre. Tous ces mots rentrés sont en train de m'étrangler. Quelque chose se met à vibrer dans mon œil droit. J'ai le souffle court, les jambes coupées. Ce n'est pas possible qu'elle ne perçoive pas ma colère, qu'elle ne voie pas qu'elle m'agresse et que cette injustice est en train de m'anéantir totalement. Mais je suis pétrifiée. Mon mari dirait que ça ne doit pas être la première fois que ça m'arrive ; oui, avec ma mère, dans la cuisine, ou au téléphone, et parfois aussi avec des amis, mais est-ce que pour autant j'ai envie que ça se produise à chaque occasion ?

Bientôt, cela fera une heure et quart que je suis là : plus, même ; j'ai perdu mes repères. Elle m'a oubliée, je me suis oubliée, comme si elle avait introduit dans ma tête un virus qui, petit à petit, effacerait ma mémoire, ma volonté, mon identité tout entière.

Je regarde le fou qui passe dans la rue, puis je la regarde elle à nouveau, cette femme dont les yeux n'ont pas quitté mon visage. Il me vient à l'esprit une pensée absolument ignoble, que je n'oserais confier à personne. Je sais pourquoi son fils s'est retiré à l'intérieur de lui-même, pourquoi il ne peut pas parler, si elle lui inflige la même chose. C'est elle qui l'a contraint à devenir cette forteresse inaccessible ; il n'avait pas d'autre moyen de se protéger. Mais qui va aller le lui dire, à cette femme ?

Elle regarde sa montre. Elle a dû calculer à la minute près son temps de parole. « Voilà, dit-elle. Désolée mais je n'ai pas envie d'être en retard. On s'est un peu laissé distraire. C'était sympa. À une prochaine fois. »

Je sors de la voiture, je fais quelques pas. Je me sens faible ; il faut que je m'allonge.

La femme me fait signe puis démarre, me laissant sur le trottoir, sous la pluie, avec un fou qui avance vers moi à pas de géant.

Maggie

En fin de matinée, quelqu'un a sonné à la porte. Max s'entraînait sur un vélo d'intérieur dans sa nouvelle salle de gym tout en zappant nonchalamment d'une chaîne indienne à une chaîne chinoise ou arabe. Comme pour tout ce qu'il entreprenait désormais – suite à une décision récente de pratiquer, de manière intensive, le nouveau culte de la « lenteur » –, il a pris son temps pour se doucher et s'habiller. Puis il s'est assis sur son lit et il est resté là, à regarder par la fenêtre, songeant à des moments passés. Il n'y avait pas d'urgence : Marta, la nouvelle employée de maison, ferait entrer Maggie et lui proposerait du café, des biscuits, des journaux.

Trois fois par an environ, Maggie venait passer quelques jours à Londres chez des amis. Quand elle avait annoncé à Max qu'elle avait besoin de le voir, elle avait précisé que le déjeuner où ils se retrouvaient d'habitude, même si elle en avait bien envie, ne suffirait pas. Elle avait quelque chose d'important à lui demander, dont elle ne pouvait parler au téléphone.

Lui et Maggie s'étaient rencontrés à la fac au milieu des années soixante-dix ; ils étaient restés ensemble dix ans à peu près, suivant ce que l'on additionnait, ou suivant qui faisait l'addition. C'était la relation la plus longue qu'il ait eue, exception faite de celle qu'il vivait avec sa femme. Mais il y avait d'autres raisons qui faisaient qu'il voulait revenir sur ce qu'il appelait maintenant l'« expérience ». Ensuite, Maggie avait déménagé à la campagne avec Joe, son compagnon (Max l'avait surnommé Jésus le Charpentier) et elle avait eu deux enfants. Profitant du boum des médias pendant l'ère Thatcher, Max était resté en ville ; il avait bien réussi sa vie et il était maintenant père de quatre enfants.

« Bonjour, très chère », lui dit Max en entrant dans la cuisine. Il était en tongs, avait passé un short et un tee-shirt (il se fit la réflexion qu'il lui cachait à peine le ventre quand il était debout). « Allons sur la terrasse. Je voudrais te la montrer. »

Il n'avait pas l'habitude d'inviter Maggie chez lui : celle-ci agaçait trop sa femme avec son « autosatisfaction et sa sincérité dégoulinante de sentimentalisme », comme disait Lucy. Lucy pouvait d'ailleurs se permettre des commentaires plus insupportables encore, du genre : « Et ce truc bizarre que vous avez vécu à trois apparemment, tu pourrais m'expliquer de quoi il retournait exactement ? »

De quoi retournait-il effectivement ? Mais Lucy était loin de là, sur un tournage ; elle rejoindrait Max et le restant de la famille le lendemain, dans la maison qu'ils avaient achetée ensemble dans le Suffolk.

Max a fait passer Maggie par les escaliers de la terrasse, qui donnait sur la cuisine. De là, on pouvait voir le jardin, la cabane tout au bout, où les garçons répétaient des morceaux ou regardaient des films avec leurs amis. Après, il y avait le terrain de bowling et le parc municipal. On était au printemps, les arbres avaient perdu leurs fleurs ; jusque-là, c'était le plus beau jour de l'année.

Ils se sont installés autour de la table et Marta, jeune femme aux cheveux teints en rouge, est réapparue avec un plateau sur lequel elle avait posé une cafetière et deux verres de grappa.

« C'est ici que j'ai l'intention de passer mes étés », dit-il.

Maggie renversa la tête en arrière, cherchant le soleil.

« Pour quoi faire ?

— Écrire de la poésie, dessiner, apprendre à peindre. Oui, dit-il, je n'ai rien de mieux à faire. Mais, pendant des années, j'étais trop empêtré avec moi-même pour créer.

— Ah bon ? Comment ça ? »

Il lui montra la maison et la terrasse.

« C'est presque terminé. J'ai tout fait moi-même.

— La maison ?

— Non, bien sûr que non. Les plans.

— On a l'impression qu'il y a une foule de gens qui travaillent pour toi ici.

— Il faut bien deux personnes pour s'occuper de la maison et des gosses ; quant aux ouvriers polonais qui sont là, ils sont en train d'installer un sauna.

— Où est-ce qu'ils sont ces coquins de garçons ? »

Il avait vaguement aperçu deux de ses fils (quatorze et quinze ans) ce matin dans la cuisine, avec une bande de copains qui étaient restés dormir.

« Les plus jeunes sont chez leurs grands-parents et j'ai l'impression que les grands sont partis se balader à Nike City pour y dépenser mon argent. Ils seront là tout à l'heure. On va voir Chelsea jouer à domicile ce soir ; c'est à deux pas.

— Ah bon ? Tu es un supporter de Chelsea ? »

Il fredonna un air du club.

« On l'est tous. On a un abonnement pour la saison.

— Mais, avant, tu étais fan de Fulham.

— Oui, d'une certaine manière, reconnut-il. Surtout parce que j'avais lu des tas d'articles sur Johnny Hayes quand j'étais gamin. »

Il avait eu l'intention de demander à Maggie comment elle allait, tout en sachant qu'elle se plaindrait des horaires, des salaires, des clients, du gouvernement, du conseil municipal. Elle était travailleur social, déjà à l'époque où ils étaient ensemble, quand il commençait à faire des documentaires ; c'était un boulot difficile et exigeant. Il avait toujours dit qu'elle donnait l'impression de ne pas être taillée pour ça, qu'elle s'investissait trop dans ce travail qui l'épuisait et la mettait en rage, mais elle appelait ça la « passion ».

Il lui dit simplement :

« Tu voulais me demander quelque chose ?

— Max, à un moment, je me suis dit que je voulais changer de vie.

— Félicitations.

— Je savais que tu serais ravi.

— Changer de vie – comment ?

— Je te raconterai après.

— Tu m'intrigues.

— C'est bien, dit-elle. Et toi, tu as des projets ? »

Il haussa les épaules.

« Je continue de m'ennuyer avec délectation.

— Tu déprimes ?

— Un homme qui est fatigué de souffrir est fatigué de la vie. Mais je n'ai pas envie de t'ennuyer avec mes jérémiades. »

Cinq ans plus tôt, Max avait vendu sa société de production à un grand groupe de médias. Il avait monté cette boîte à l'époque où il était avec Maggie, comme moyen de promouvoir le journalisme d'investigation à la télévision ; lui et ses collègues avaient fait des émissions sur la corruption dans le milieu de la politique et des affaires, « couvrant le côté obscur de ce monde, du plus sombre au plus clair ». Plus tard, quand la compagnie avait produit une série comique et satirique sur la politique, ils avaient connu un beau succès et ils s'étaient lancés dans des comédies intelligentes du même style. Finalement, il s'était retrouvé plus producteur qu'artiste et il avait vendu la société au bon moment. Pendant un temps, il adorait se dire qu'il avait de l'argent plein les poches, qu'il pouvait s'acheter ce qu'il voulait, aller traîner dans les magasins avec les enfants. Ça et regarder le foot, c'étaient leurs passe-temps préférés.

Il n'avait guère eu d'activités rémunérées depuis, mais il avait « tenu la maison » et s'était occupé des enfants tandis que sa femme commençait à se faire connaître comme productrice. « Je suis un mari au foyer féministe, se vantait-il. Je passe mon temps à soutenir les femmes ; mais la confrérie des sœurs m'en est-elle reconnaissante pour autant ? »

« Allez, à nous ! » dit-il soudain. Lui et Maggie trinquèrent et sifflèrent leur verre de grappa d'un coup.

« Tu bois toujours à cette heure de la journée ?

— C'est ce que Marta a tendance à penser. »

Au moment de partir, Maggie lui a demandé si elle pouvait voir la pièce où il travaillait ; elle a souri en voyant la chaise avec le dossier à lamelles de bouleau : Joe l'avait restaurée et offerte à Max pour leur première rencontre.

Elle a fouillé dans son sac et lui a tendu quelque chose : « Tiens, de la part de Joe. » C'était un coupe-papier en bois orné de divers symboles.

« C'est beau ; merci, dit-il en le posant sur son bureau. Il faut que je trouve quelque chose à lui donner moi aussi. »

Il désigna le grand mur blanc, contre lequel il avait posé de nombreux cadres enveloppés dans du papier kraft.

« Comme tout le monde, j'ai commencé une collection de tableaux et de photos. Il y a peu de temps finalement que j'ai vraiment compris ce qu'était le matérialisme. Maintenant, je me dis, ça, c'est à moi, *à moi*, j'ai travaillé pour l'avoir. »

Ils marchèrent tranquillement le long de la route, jusqu'à l'endroit où il avait garé sa nouvelle décapotable Volkswagen noire. Le restaurant était à dix minutes de là, mais Max avait très envie de la lui montrer.

Il l'observait avec attention : elle avait une cinquantaine d'années, comme lui, et, la plupart du temps, elle portait des bottes et des vêtements de marche, qu'il décrivait comme ces vêtements « de montagne » qu'on met quand il pleut. Elle passait plus de temps dehors que lui, elle avait le teint hâlé, le visage ridé, des cheveux grisonnants qu'elle s'était peut-être coupés elle-même, et elle ne se maquillait pas. Il songeait qu'avec son look à la Patti Smith, elle faisait plus vieille que lui mais, comme disait Lucy, si on trouve que quelqu'un de son âge a pris un coup de vieux, on peut être sûr qu'on est largement pire.

« Mon dieu, quel quartier de riches, ici, dit-elle. Et les étrangers que j'ai vus, ce sont tous des employés de maison, ou des gens qui font des petits boulots, c'est ça ?

— À cette heure de la journée, c'est fort probable. Nounous, jeunes filles au pair, femmes de ménage, ouvriers. Tu t'attendais à quoi ? C'est dingue, Maggie, de voir à quel point Londres est propre aujourd'hui, comparé à l'époque où on était étudiants. Tu te souviens comme c'était sale ces années-là ? Les graffitis, les squats, le métro, un trou franchement dégoûtant, et on ne payait jamais rien.

— Alors qu'aujourd'hui, tout est contrôlé.

— Ce serait bien si c'était le cas. Mais les gamins ne sont pas tranquilles quand ils se baladent dans la rue. Au bout, ici, il y a un lotissement avec des sauvageons pour qui on est une source de revenus potentiels.

— Il n'y a que ceux qui sont obéissants qui s'en sortent, c'est ça ?

— Et toi, comment c'est, là où tu habites ? »

Avec Joe, ils vivaient dans un village du Somerset. Quand leur projet de vie en communauté n'avait plus marché, ils avaient emménagé dans un cottage en piteux état, mais dont le loyer était vraiment bas et qu'ils avaient entrepris de retaper.

« Tu n'imagines pas la pauvreté là-bas. C'est un autre pays ; je veux dire, c'est tellement morne ; mon boulot est particulièrement répétitif, je m'occupe de vieilles femmes la plupart du temps. C'est en partie de ça que je veux te parler. »

Ils montèrent en voiture et Max mit un CD des Clash.

« Est-ce qu'on les a déjà vus ? demanda-t-il en entendant le début de *London Calling*. Je ne suis pas sûr, alors qu'on a vu presque tous les autres groupes de l'époque. » Il poursuivit : « Quand j'y pense maintenant, je me dis que c'était un vrai petit paradis quand on était ensemble. Avec la Sécurité sociale, l'allocation chômage, le logement pas cher, la BBC, le théâtre subventionné. Maman et Papa n'ont rien déboursé pour payer mes études et, quand on venait d'un milieu respectable mais ordinaire, on pensait qu'on pouvait s'en sortir, avoir une vie différente de celle de ses parents. Tout ça a complètement changé quand Thatcher est arrivée au pouvoir. »

Pendant des années, lui et Maggie avaient pensé que tout était « politique » ; même leur collection de disques avait contribué à la révolution. Il était fier de ce qu'ils avaient fait pour lutter contre le racisme, fier des contre-manifs face au Front national. Le reste de leur vie commune le laissait assez perplexe et il commençait à se dire qu'il serait peut-être important qu'il en parle avec Maggie, un peu plus tard, quand ils auraient bu quelques verres. Dans une discussion, elle ne se laissait pas faire mais il aimait de plus en plus débattre avec elle, au point de la provoquer, et il se plaisait à croire qu'il en avait moins peur maintenant.

« J'y pense, dit-il alors que le toit de la voiture s'ouvrait et que la musique explosait dans la rue, je ne t'ai pas montré les photos où je reçois l'Ordre de l'Empire britannique des mains de la reine. »

Elle rit.

« Je suis impatiente de voir ça.

— La médaille n'était pas pour moi, bien sûr : c'était pour le travail de tout le monde. Il y a une photo que tu pourras mettre sur ta cheminée. Ça plaira à Joe.

— Je te sens d'humeur provocatrice aujourd'hui.

— Désolé mais comment ne pas être fasciné par ce drôle de petit pays ? Tu arrives à Buckingham Palace et, là, tu vois les gardes de la Tour de Londres, des officiers retraités en uniforme, des gurkhas, des hommes en armure au garde-à-vous avec, tu sais, un gros tas de fourrure sur la tête. Tu en vois aussi qui marchent sur les tapis du palais avec bottes cirées et éperons ; il y a des flopées de reines. Et ils portent tous des vêtements de soirée loués ou prêtés qui ne leur vont pas. C'est comme si tu te retrouvais au beau milieu d'une soirée déguisée sans avoir bu.

— Tu as vraiment l'impression que tu as contribué à quelque chose ?

— Si tu as l'occasion de regarder la télé espagnole ou italienne, tu auras une petite idée de la qualité de ce qu'on fait ici.

— Je n'ai aucune envie d'avoir une télé chez moi. Joe va au pub quand il veut regarder le foot.

— D'après toi, qu'est-ce que les gens devraient faire ?

— Pourquoi est-ce qu'ils ne se parlent pas, par exemple ?

— Regarder la télé, c'est bien plus drôle, je dirais. »

En entrant dans le restaurant de Hammersmith Grove où ils allaient habituellement, il précisa : « Le service est horriblement long ici, surtout depuis que les Polonais ont senti le vent tourner et qu'ils ont commencé à partir. Mais on a le temps, non ? »

Il faisait doux et ils purent trouver une place dehors, à l'abri des regards, derrière une haie bien taillée. Il y avait rarement foule le midi : juste quelques hommes d'affaires, une table de femmes qui devaient être des épouses de footballeurs et quelques professionnels de l'audiovisuel que Max salua d'un signe de tête.

Ils s'installèrent.

« J'ai envie de laisser tomber mon boulot, ma maison, pour venir vivre ici, dit-elle. C'est sûr, je n'ai pas d'argent mais je vais trouver du travail.

— C'est trop cher, Maggie, dit-il tout en examinant le menu. Financièrement, on y arrive tout juste. Quatre gamins dans une école privée : est-ce que tu te rends compte ? Régulièrement, le capitalisme entre en crise, Marx l'avait bien dit. Ce n'est pas le moment de se lancer dans la nouveauté, vraiment pas. Je peux commander du vin ?

— Max, je n'ai pas le temps d'attendre que le capitalisme se remette d'aplomb. Tu sais à quel point je peux être obstinée, une vraie tête de mule. Il faut vraiment que je le fasse.

— Tu quittes Joe ? C'est ça ?

— On n'a personne d'autre dans nos vies en ce moment mais tu sais que le partage, ce n'est pas un problème pour nous. On ne peut pas être tout l'un pour l'autre.

— Parfois, je me demande.

— Pourquoi ?

— C'est tellement bizarre, pas évident. »

Joe avait intégré leur groupe quand ils avaient quitté l'université. Il était grand, avec une longue barbe ; plutôt de gauche, il avait fréquenté des établissements privés au cours de sa scolarité ; il avait des yeux qui attiraient les filles. Au début, il restaurait les meubles des riches mais il voulait être un travailleur honnête, exercer une activité utile. Souvent, les gens disaient que ses mains parlaient pour lui et Max se faisait la réflexion que c'était une sorte de don du ciel, ces mains, parce qu'il était presque tout le temps silencieux. Quand il passait à l'appartement de Max et Maggie, il souriait, hochait la tête ou secouait la tête, mais il ne parlait pratiquement jamais. Plus tard, lorsque Max et Maggie s'étaient séparés et qu'elle avait commencé à sortir avec Joe, elle avait prévenu ses amis qu'il n'était pas très causant. Ce qui était plus irritant, c'est que, du fait de son silence imperturbable, on lui prêtait souvent une sagesse et une vertu particulières : c'était un militant très engagé. Si vous n'aviez pas d'argent mais que vous aviez besoin de quelqu'un pour faire des travaux qui ne vous coûtent pratiquement rien, il était toujours prêt. Il détestait l'argent et ceux qui ne pensaient qu'à ça : pour le payer, il valait mieux lui donner quelque chose d'utile, un vélo, des pommes de terre, un peu d'herbe, un piano à réparer.

Pour Maggie, il n'était pas question d'abandonner les gens. Quand son histoire avec Joe avait commencé – Max, lui aussi, voyait quelqu'un d'autre –, ce fut le début d'autre chose. Pendant deux ans environ, ils vécurent à trois. C'était une expérience de vie. De leur point de vue, il aurait été « conventionnel » ou « égoïste » d'exclure l'un d'entre eux. Joe s'installa chez eux, dans leur lit même, tandis que Max, qui habitait parfois chez telle ou telle amie, occupait la pièce de devant. Était-il donc nécessaire que les gens s'en aillent fonder des familles différentes ?

Apparemment, Joe n'avait jamais souffert de jalousie : son amie était libre, indépendante ; ils l'étaient l'un et l'autre. Ils pouvaient aimer qui ils voulaient, il n'y avait pas de prix à payer pour cela. Ça ne posait aucun problème à Joe que Maggie passe la nuit avec quelqu'un d'autre et, lorsqu'elle partait plusieurs jours au bord de la mer avec Max, ça ne le préoccupait absolument pas. Il était interdit d'interdire ; dire non constituait une forme de violence intolérable. Par ailleurs, Joe ne semblait nourrir aucun fantasme insupportable à l'idée que d'autres se livraient à des plaisirs dont il était exclu. Comment avait-il appris à être comme ça ?

Malgré lui, Max avait été intrigué par cet homme si sûr de lui, si convaincu d'être désirable qu'il savait que Maggie reviendrait toujours vers lui. Mais ce n'était pas seulement ça : il y en avait tellement d'autres qui le désiraient. Joe semblait ne manquer de rien ; à l'inverse, lui et Maggie trouvaient que Max était un « malade du contrôle » et ils ne comprenaient pas pourquoi il était jaloux. Mais, se demandait parfois Max, Joe était-il forcément plus heureux du fait qu'il ne connaissait pas la jalousie ? Ou est-ce qu'il était jaloux à un point tel qu'il réussissait à s'aveugler lui-même ? Était-il aussi autonome qu'il le disait ? Les gens étaient-ils aussi interchangeables qu'il voulait bien le croire ?

Les deux hommes avaient travaillé ensemble sur plusieurs jardins des environs au moment où Maggie était enceinte du fils de Joe. (Max commençait alors à entrevoir l'importance de la question des jardins dans le combat politique.) À la sortie de la maternité, ils avaient ramené l'enfant chez eux pour l'élever tous les trois ; la plupart du temps, Max s'occupait du garçon pendant que les deux autres étaient au travail, et quand il le pouvait, il essayait de monter ses projets. À partir du moment où il avait reconnu qu'il lui était douloureux d'entendre les autres le complimenter sur « son » fils, et qu'il avait compris que cet enfant qu'il avait commencé à aimer n'était pas le sien, ils avaient décidé d'un commun accord qu'ils auraient d'autres enfants avec Maggie, mais chacun son tour.

Toutefois, le jour où Maggie et Joe avaient commencé à dire qu'il ne fallait pas tarder à s'y mettre, qu'il devait prendre une décision, Max décida de tout arrêter. Il n'avait pas le choix, s'il ne voulait pas s'enfoncer davantage. Il était parti s'installer seul dans un hôtel au bord de la mer, s'efforçant d'oublier son amour pour l'enfant, sa haine de l'autonomie de Joe, son mépris de lui-même. Comment avait-il pu tolérer une telle situation ? La mère de Max était une femme ordinaire qui aurait trouvé un tel arrangement complètement fou. À cette époque-là, Maggie et Joe étaient partis dans le Devon vivre dans une communauté, persuadés que Max les accompagnerait. Mais lui travaillait à Londres, à un documentaire qui relatait l'agression extrêmement violente d'un Noir par la police, et qui était produit par la séduisante Lucy.

Un soir, à la fin d'une journée de tournage, elle lui avait fait part de quelques remarques assez banales mais qui avaient eu sur lui un effet assez subversif. Cette idéologie que lui, Maggie et leurs amis avaient adoptée était une forme de religion, presque une sorte de culte ; il n'avait pas remarqué que ça l'enfermait, que ça bridait son intelligence, son imagination ? Il repensa à toutes ces interminables soirées, où tout le monde fumait, où il fallait discuter de tout dans le moindre détail pour finalement se plier à la volonté de quelqu'un d'autre parce que c'était devenu « la volonté du groupe » et, probablement même, la volonté du prolétariat.

Il avait pu se détacher de Maggie et Joe, mais seulement après avoir souhaité leur mort (la sienne et la leur), quand ils avaient quitté Londres en emmenant l'enfant. Lui et Maggie étaient convaincus qu'ils s'aimeraient toujours mais ça ne s'était pas passé comme ça, heureusement. Il s'en était remis, comme tout le monde l'avait prévu ; qu'en restait-il ?

Maggie et Max avaient attaqué leur déjeuner.

« Tu ne crois pas, commença-t-elle... Est-ce qu'il ne t'arrive pas de penser ces derniers temps que nous vivons une période extrêmement conventionnelle ? Tu vois, d'idéaux coercitifs, de tyrannie de l'enfermement ?

— J'ai tendance à penser que le plus grand changement de cette époque, c'est ce progrès phénoménal en termes de liberté sociale. Est-ce qu'on ne peut pas être qui on veut aujourd'hui ? Qu'on soit lesbienne, travesti, dominateur, bi – ce n'est jamais qu'une façon de vivre, non ?

— L'autre jour, je lisais quelque chose à propos de Sartre et Beauvoir. Tout ce chaos d'émotions stupides qu'ils ont déclenché, en foutant en l'air la vie des autres. L'auteur suggérait que s'ils avaient été de gentils travailleurs bien obéissants, ils auraient peut-être valu la peine qu'on les écoute. Est-ce qu'on ne pourrait pas dire la même chose de Shelley, de Mary Wollstonecraft, de Ginsberg et de tas d'autres artistes ? Nous, on appelait ça "l'emprise mortelle de l'ordinaire". Toutes les tentatives d'innovation ont échoué : il nous faut revenir à la norme.

— Tu as toujours envie d'innover dans ta vie ?

— J'essaie de vivre comme j'en ai besoin. » Et elle ajouta en se penchant : « Entre nous, est-ce que tu n'as pas tes propres... centres d'intérêt ?

— C'est derrière moi, tout ça. C'est un plaisir qui coûte trop cher.

— Et tu les mets tout le temps maintenant ? lui demanda-t-elle en jetant un œil sur les lunettes qu'il mettait pour lire et qu'il portait en sautoir avec une chaîne en or.

— Oui. Est-ce que, pour autant, tu en conclus que je suis maintenant un homme qui a perdu tout respect de lui-même ? J'aime bien cet âge de mi-parcours, quand tu n'as plus à te soucier de ton apparence, de ce que les autres pourraient bien penser de toi. Les hommes accusent moins le coup que les femmes, tu ne trouves pas ? »

À vingt ans, Maggie était une jolie fille, gentille, généreuse, étudiante douée, issue d'une famille équilibrée où tout allait bien. Le féminisme et les ateliers de « confiance en soi » l'avaient endurcie et, peu à peu, elle avait troqué son charme contre l'idéologie, le dogmatisme, la colère. Presque tout le monde l'avait laissée tomber : on n'avait pas assez le désir de tout révolutionner, ni de faire le sacrifice qui garantirait la sincérité de nos actes. Elle s'était débarrassée de tout ce qui avait trait à la séduction, au ludique, montrant ainsi qu'elle ne changerait pas d'humeur tant que le monde lui-même n'aurait pas changé. De tous ceux qu'il connaissait, elle fut la seule à déplorer la chute du mur de Berlin : elle était convaincue qu'on n'avait pas laissé assez de temps au communisme pour qu'il puisse faire ses preuves. « Pense que le capitalisme, ça fait des siècles qu'il existe ! »

« Je te trouve mieux en ce moment, lui dit-elle. Tes yeux sont plus clairs, tu donnes moins l'impression d'être un petit gros imbu de lui-même.

— J'ai perdu six kilos. C'est ma plus grande réussite. Tout ce dont j'ai envie maintenant, c'est de préserver l'unité de ma famille jusqu'à ce que les garçons aient quitté l'école. On n'a pas besoin de se compliquer davantage l'existence.

— C'est sûr. Tu as peut-être remarqué, c'est horrible, quand tes gosses ont dix ans et qu'ils doivent se détacher de toi. Tu découvres qu'ils n'ont pas vraiment envie de t'avoir dans leur environnement, que c'est un divorce long et difficile qui commence et que tu vas devoir prendre d'autres dispositions pour organiser ta vie.

— Pour moi, le réalisme, il n'y a que ça de vrai.

— Ah oui, vraiment ? Alors, ce que je vais te demander va t'irriter encore plus.

— Non, je suis calmé maintenant.

— J'avais compris que tu suivais une thérapie le jour où tu m'as posé des questions sur mes rêves.

— Avant, j'étais tout le temps en colère, il fallait que je me débarrasse de ce côté-là.

— C'était ton côté séduisant.

— Mag, je t'en prie. Ces derniers temps, j'ai fait des rêves atroces, plusieurs fois de suite. Mon oncle est couché, en train de mourir.

— Quel oncle ?

— Tu sais bien, le rigolo, intelligent, plein de vie. Il est mort depuis longtemps, bien sûr.

— C'est une partie de toi. Qui s'en va. Tu la laisses partir. Tu la fais sortir de toi.

— Je ne suis pas certain que ce soit exactement ça. »

Ils finirent la bouteille. Il commençait à se sentir fatigué et aurait volontiers trouvé une excuse pour rentrer chez lui faire une sieste – c'est comme ça qu'il aimait passer ses après-midi maintenant – s'il n'avait été curieux de savoir ce qu'elle avait à lui demander. Ils prirent le temps d'un café avant de se mettre en route pour Richmond Park, qui n'était qu'à une demi-heure.

Il avait garé sa voiture. Ils marchaient depuis un moment quand elle déclara :

« Max, il faut que tu me prêtes dix mille livres pour que je puisse démarrer quelque chose à Londres. Je sais que je ne tiendrai pas très longtemps avec une somme pareille mais ce sera mieux que rien. Quant à savoir quand je pourrai te rembourser, ou même si je pourrai te rembourser un jour, c'est une autre question. »

Il soupira.

« C'est un beau paquet. Ça te suffira ?

— J'espère pouvoir tenir cinq ans à Londres. Il y a les dépenses incontournables débiles, mais on peut toujours faire des sorties pas trop ruineuses, non ?

— Oui, pour un après-midi, on trouve.

— Joe pense qu'ici, tout est connerie, consommation, haine de soi mais il viendra me voir et j'irai chez lui quand j'en aurai besoin. Sinon, je partirai explorer – les lieux, les gens.

— Et Joe est d'accord ? Ou est-ce qu'il est toujours aussi indifférent aux autres ?

— Comme d'habitude, il sera content de savoir que je vis comme je le souhaite. Je le rends fou avec ma frustration et il n'a jamais eu envie de jouer au gardien de prison avec moi. Les gamins me suivront. Mon fils a déjà escaladé la façade des Maisons du Parlement, lors d'une récente manifestation. Ils ont le bon âge pour vivre ici.

— J'ai toujours trouvé bizarre que tu vives avec quelqu'un qui n'a aucun goût pour la discussion.

— Pourquoi est qu'on devrait forcément se parler quand on est naturellement en phase ?

— Comment a-t-il réagi quand tu lui as dit que tu allais me demander de l'argent ? »

Il la regardait.

« Tu ne lui en as pas parlé ?

— Je lui en parlerai quand je saurai comment ça se présente.

— À ta place, je ne mettrai pas votre relation en danger. Lucy et moi, nous connaissons plein de femmes de cinquante ans qui essaient de trouver un homme via internet et c'est franchement déprimant.

— Ne commence pas à me faire la leçon. Mais, souvent, je me fais la réflexion : comment se fait-il que je n'ai pas été capable de me dégotter des hommes plus solvables ? »

Ils dépassèrent des gens qui étaient en train de planter des arbres.

« À quoi tu penses ? lui demanda-t-elle. Allez, dis-le-moi, s'il te plaît.

— Je me disais, si j'utilisais cette pelle pour lui fracasser le crâne ? »

Elle rit.

« Je le savais. Tu vois, on pense toujours aux mêmes choses. »

Il s'arrêta.

« Je peux te prendre dans mes bras ? lui demanda-t-il.

— Ici ? Pourquoi ?

— Juste pour voir. Ou pour essayer de me souvenir. »

Il la serra contre lui, se blottit dans son cou, ses cheveux. Il embrassa son visage, caressa son dos, ses cuisses, lui prit les mains, les regarda.

« Y a-t-il autre chose que tu aies envie de toucher ou de voir ? s'enquit-elle. Mes seins, mon sexe ?

— Non, non. Dix mille, c'est beaucoup d'argent. Tu ne me rembourseras jamais. Il faudra que je te les donne.

— Tu ne t'en apercevras même pas. Tout m'ennuie tellement. Je préfère même l'Amérique. Au moins, ils ont le choix entre voter Obama ou voter Hillary. Un Noir ou une femme. Qu'est-ce qu'on a, nous ? Boris Johnson. Un personnage tout droit sorti de chez P. G. Wodehouse.

— Mais il n'y a pas mieux pour s'occuper de Londres. Je songe à voter pour lui. N'importe quoi pourvu qu'il y ait du changement.

— Oh, je n'en reviens pas. Tu as changé à ce point ?

— Ça me plaît de penser que je suis parfaitement capable de réviser mon jugement. Ce serait aussi stupide de ne pas changer d'avis avec l'âge que de porter tout le temps les mêmes vêtements.

— Tu as un exemple en tête ?

— Les Malouines. Thatcher avait raison sur ce point-là, quand elle combattait ce fasciste de Galtieri. Et quand elle s'est attaquée aux syndicats, alors que le pays entier était pris en otage par une poignée de fondamentalistes de gauche qui refusaient de grandir. »

Elle se raidit.

« Oh, c'est incroyable, Max, toutes ces années de lutte pour finir par te renier comme ça. Pour quoi, au juste ? Pour ressembler à un gars qui a retourné sa veste ?

— Écoute. Ça n'a pas marché ; le socialisme, le communisme, tout a foiré. C'est la plus grande déception de notre vie mais est-ce que ça doit nous empêcher de regarder les choses en face ?

— Au fait, tu as ton chéquier sur toi ?

— Tu veux l'argent maintenant ?

— Une fois que ce sera fait, tu n'y penseras plus. Comme ça, on pourra parler de sujets moins douloureux.

— Mais je n'ai pas décidé encore. Qu'est-ce que Lucy dirait ?

— Lucy ?

— Et si moi je découvrais qu'elle avait donné dix mille livres à un ex sans le sou ?

— C'est ça que je suis pour toi ?

— Ma femme ne va pas faire des heures sup sur un tournage pour que tu puisses en profiter gratuitement, uniquement parce que tu as envie de déménager. C'est elle qui rapporte l'argent.

— Je ne comprends plus, là. Il faut que je m'assoie. »

Ils s'adossèrent à un arbre.

« Max, ce n'est pas son argent que je t'ai demandé.

— Elle et moi, on vit ensemble. On ne suit pas le premier inconnu qui nous tape dans l'œil. Le sexe, c'est facile mais c'est l'amour qui est difficile. C'est vraiment un truc grave. Et, en plus, cet argent, ce n'est pas pour quelque chose de crucial, comme un traitement pour soigner un cancer ou une opération de chirurgie esthétique.

— Non, c'est plus important que ça. Où sont donc passés le jeu, la sauvagerie, l'innovation ? »

Elle se leva, il la suivit ; ils s'arrêtèrent dans un salon de thé pour manger des scones.

« Est-ce que tu penses que tu es envieux ? lui demanda-t-elle.

— Envieux de quoi ?

— Tu n'arrêtes pas de critiquer tout ce en quoi je crois. Mais je ne suis pas encore vieille, Max. Je n'ai pas renoncé, comme toi tu sembles l'avoir fait, je n'ai pas baissé la garde. Avec le féminisme, j'ai appris que les femmes sont capables de passions intenses, d'être pleinement en vie, d'explorer. On peut brûler jusqu'au bout de la nuit, qu'on y gagne ou qu'on y perde.

— Comment pourrais-je ne pas t'envier un tel état d'esprit, même si j'ai l'impression que tu te forces ? Freud dit que la sublimation réussie, c'est le seul moyen de progresser. C'est du divertissement – utile pour toute la vie. Il reste toujours un peu de passion, c'est ça qui est tragique, mais on doit vivre avec cette frustration. Ça forge le caractère.

— C'est de la belle connerie bien prétentieuse, tout ça. Bref, tu es en train de me dire non ?

— J'en sais foutre rien, Maggie. Comment se fait-il qu'à partir de cinquante ans, on passe la majeure partie de son temps à se disputer ? J'avais envie de profiter d'un déjeuner agréable mais toi, tout ce que tu réussis à faire, c'est me pourrir la journée, et probablement la nuit aussi. Tu sais bien que je suis angoissé de nature. Il va falloir que je prenne un cachet.

— Oh, la ferme ! Arrête de tourner autour du pot pour une fois.

— Mais je ne peux vraiment pas te donner de réponse, très chère. Il faut que je réfléchisse. Il y a tellement d'autres priorités que tes envies d'épanouissement personnel.

— Ça m'ennuie de te le rappeler mais je ne t'aurais pas un peu aidé par hasard quand tu te lançais au début ?

— À l'époque, je promenais ton adorable fils tous les jours, je lui donnais à manger, je le changeais et, chaque fois, je payais pour lui.

— Et pourquoi tu ne l'aurais pas fait ? Tu penses que c'est à qui de s'occuper des enfants ? »

Ils revinrent chez Max en voiture ; il prépara un thé dans la cuisine. Il y avait quatre garçons dans le jardin, ils n'avaient sur eux qu'un short et des tongs, ils faisaient des haltères, tapaient dans un ballon, chahutaient.

« On s'est fait courser par une bande de branleurs, des vrais bouffons, raconta l'un d'eux. C'est pour ça qu'on est en sueur. » Et s'adressant à Maggie : « Il y a des logements sociaux en face. »

Max leur demanda :

« Qu'est-ce que vous avez fait pour les provoquer ?

— Ces paumés, ils nous ont menacés avec une lame. Ils nous ont dit : "On sait où vous habitez", alors Jack leur a dit : "On sait où vous habitez, vous : dans un appart municipal immonde, avec un pitbull qui bouffe votre canapé, et votre mère, c'est une putain qui se défonce au crack."

— Maggie va s'en occuper. Elle est assistante sociale.

— Branleurs, bouffons : c'est les derniers mots à la mode ? » demanda Maggie.

Max se leva brusquement.

« Vous ne vous battiez pas que pour le féminisme, qui était une excellente chose, vous avez aussi attaqué toutes les formes d'autorité, celles des pères en particulier, parce que ce que vous vouliez avant tout, c'était l'égalité. Vous avez tout fait pour mettre à mort l'autorité mais il n'y a pas eu d'égalité, rien que le chaos, et c'est pour ça que c'est le bordel. Assume ça au moins, Maggie. Tout n'est pas que la faute du capitalisme.

— Ah bon ? Cette société est devenue de plus en plus inégalitaire avec Blair, les riches raflaient tout, ils éclusaient le marché de l'art et tout le reste. Et cette autorité que tu idéalises tellement, Max, la plupart du temps, ça n'était que corruption, exploitation, cruauté. Pourquoi est-ce que chacun ne pourrait pas exercer un peu d'autorité ? On n'est pas tous des enfants. »

Les enfants de Max regardaient les adultes gesticuler, hurler et, sans même attendre qu'ils aient fini de se disputer, ils leur réclamèrent de l'argent pour aller s'acheter une pizza et louer un film. Max leur tendit quelques billets.

« Ils ont vraiment de la chance, ils sont pourris gâtés, dit-il. Sans aucun des soucis qu'on avait pour notre avenir.

— Tu crois que ça leur réussit ? »

Il haussa les épaules. Son fils aîné lui donna une pichenette sur l'estomac.

« C'est pour quand, papa ? lui dit-il.

— Tu vois, un père, aujourd'hui, on se moque de lui.

— Ce n'est pas le cas avec Joe.

— Bon, je vais aller chercher une bonne bouteille à la cave. En attendant, jette un œil là-dessus. C'est pour Joe. »

Il lui tendit une toute petite peinture à l'huile, à peu près de la taille d'un paquet de cigarettes : c'était une femme nue.

« C'est sympa. »

Il est resté un moment en bas, cherchant ce qui pourrait bien lui plaire. Puis il est remonté, a enfilé sa veste, qui traînait sur un dossier de chaise. Il a sorti le carnet de chèques de sa poche, a mis la main sur un stylo. Quand il est entré dans la cuisine, elle n'était plus là : elle était partie, avec ses affaires.

Tout en ouvrant la bouteille, il se demandait s'ils pourraient se pardonner et s'ils se reverraient un jour.

Phillip

Il a finalement réussi à se présenter clairement mais, au téléphone, je n'avais pas reconnu sa voix.

« Qui ? demandai-je. Je suis désolé, je ne vous entends pas bien. Il y a mes enfants qui répètent avec leur groupe à l'étage.

— C'est Phillip, murmura-t-il. Nom de nom ! Ton vieux copain, Phillip Heath.

— Ah.

— Fred, ça te choque ?

— Ça fait du bien d'entendre ta voix, ai-je dit avec précaution. Où est-ce que tu étais tout ce temps ?

— Je suis toujours à l'étranger. »

À l'étranger : ça faisait longtemps que je n'avais pas entendu cette expression, que les Anglais utilisaient pour désigner le reste du monde quand j'étais gamin.

Au cours de ces quinze dernières années, Phillip m'avait envoyé une carte tous les deux ans à peu près, pour me dire qu'il travaillait dans telle ou telle école ou qu'il déménageait. Mais je ne me souvenais pas quand nous nous étions parlé pour la dernière fois.

Néanmoins, sur la carte que j'avais reçue quelques mois plus tôt, il avait ajouté : « Je ne me sens pas dans mon assiette, mon vieux. » Plus tard, Fiona, avec qui je sortais quand nous étions à la fac et qui était restée proche de lui, m'avait appelé pour me dire que Phillip s'était fait opérer d'un cancer de la gorge.

Au téléphone, il avait une voix enrouée et faible mais il me dit qu'il allait mieux. Il avait « repensé à tout un tas de choses » et il avait très envie que je vienne le voir là où il vivait en Italie, seul, près du lac de Côme. On pourrait parler. « Il n'y a pas un musulman à la ronde, dit-il en plaisantant, juste des hordes de vieux Italiens promenant leur chien. » C'était la vieille Europe blanche, où l'argent et la séduction avaient depuis longtemps été remplacés par la décrépitude et la monotonie mais, malheureusement, pas encore par la décadence. Pourquoi ne viendrais-je pas profiter de sa chambre d'amis ?

« C'est gentil de me le proposer, lui ai-je répondu.

— Mais quand exactement pourrais-tu passer ? Je t'en prie, donne-moi une réponse précise. À qui d'autre est-ce que je pourrais parler de ça ?

— De ça ?

— De la vie, je veux dire, telle qu'elle est. »

Je lui promis de regarder mon emploi du temps et de le rappeler dans les jours suivants. J'ajoutai :

« C'est un peu soudain. J'ai des ados à la maison. J'enseigne aussi – tu as été mon modèle en la matière, mon vieux.

— Je suis bien trop faible pour ce genre de choses maintenant, je le crains. Fred, j'attends ton coup de fil. Mais, s'il te plaît, si tu as envie de revoir mon sourire, ne tarde pas trop. Mourir, c'est une vraie calamité. »

Je ne me souvenais plus à quand remontait notre dernière discussion mais ça devait être à la fin des années quatre-vingt – même si notre amitié s'était essentiellement nouée au milieu de la décennie, c'est-à-dire quand j'avais commencé à avoir du « succès » et que notre relation (entre lui, Fiona et moi) était à son apogée.

Ce coup de téléphone m'avait perturbé, dérangé, je me sentais tiraillé.

Était-il possible de décliner la demande d'un homme aussi gravement malade, peut-être en train de mourir dans la détresse, dans une certaine solitude, quelqu'un qui avait été un ami très proche ? Je l'avais apprécié ; je l'avais aimé, j'imagine, et lui aussi. C'était une amitié passionnelle qui avait mal tourné, qui s'était même terminée de façon violente. Mais cette rupture inexplicable était-elle une raison pour oublier tous les bons moments, tous les moments merveilleux ?

Tout en réfléchissant à ce voyage à Côme, je me rendais compte que j'étais encore furieux de ce qui s'était passé avec Phillip. Pourquoi donc est-ce que j'avais pris tellement à cœur ses attaques contre moi ? Pourquoi j'y pensais encore, pourquoi je continuais d'entendre sa voix dans ma tête, dans ces moments où nous nous disputions sans fin ?

Nous étions ensemble à la fac mais Phillip avait dix ans de plus que Fiona et moi et, chose peu courante au milieu des années soixante-dix, en pleine contestation punk, Phillip portait des chemises repassées, une veste et des chaussures en cuir. Dans l'établissement où ensuite il est devenu prof d'histoire, il mettait une cravate et rangeait ses affaires dans une mallette. Il avait une moustache et des lunettes. Il ne s'intéressait pas à la mode, ne cherchait pas à s'habiller jeune et, de notre point de vue, il ressemblait plutôt à nos pères ; ça le faisait rire quand on l'appelait Mr Chips et, plus tard, Mr Lips[1].

À nos yeux, il connaissait beaucoup de choses et, surtout, il avait de l'expérience, il semblait savoir où il allait. Il avait été marié quelque temps ; il n'était pas issu de la classe moyenne ; ses parents avaient exercé des métiers « de service » (sa mère était cuisinière, son père jardinier) et il évoluait maintenant dans un tout autre univers. Il avait commencé comme acteur dans une troupe, puis il avait dirigé différents théâtres, il avait travaillé comme régisseur, et même comme agent pour certains acteurs pendant un temps, avant de se lancer dans le journalisme. Mais aucune de ces tentatives n'ayant abouti, semble-t-il, il s'était réinscrit à la fac pour préparer une thèse sur l'armée britannique pendant la Seconde Guerre mondiale.

Phillip était le seul bisexuel actif que je connaisse. Quand Fiona l'avait rencontré la première fois, il vivait avec un assez jeune amant avec qui il écoutait du Wagner et qu'il emmenait dans des bars gay comme le Black Cap de Camden. Mais, au bout de trois ans, alors que Fiona et moi vivions ensemble (Phillip avait

1. Évoque le personnage principal du roman à succès de James Hilton, *Goodbye, Mr Chips* (1933), qui est instituteur dans une école de garçons britannique. Le roman a été adapté plusieurs fois au cinéma, en particulier en 1969 (film de Herbert Ross, avec Peter O'Toole, Petula Clark et Michael Redgrave) [*NdT*].

alors quitté l'université et habitait seul à quelques pas de chez nous), il avait décrété qu'il était « plus facile » d'avoir une vie d'hétérosexuel. Il travaillait comme instituteur à l'école primaire du quartier et il était censé terminer sa thèse en parallèle.

Après la fac, j'ai débuté comme acteur dans un théâtre pour enfants, mais j'ai vite compris que je détestais autant les enfants que la scène. J'avais aussi un travail alimentaire : je m'étais inscrit dans une agence d'intérim qui m'envoyait taper à la machine dans des bureaux différents chaque semaine.

Je ne me suis jamais senti aussi aliéné que quand je me retrouvais dans le train avec tous ces voyageurs qui faisaient comme moi, ou dans ces bureaux avec les autres automates (bien sûr, mon père travaillait dans un bureau, comme comptable). C'était tellement horrible que je me suis forcé à me prendre vraiment au sérieux, à me motiver, comme ils disent. Sur mes heures de travail, j'ai commencé à écrire des pièces de théâtre, qui étaient jouées « en marge », dans de petites salles ou au fond des pubs. Puis, j'ai écrit quelque chose de plus ambitieux sur un groupe d'étudiants qui partaient sur une île grecque – on y retrouvait des personnages qui nous ressemblaient, à Phillip, Fiona et moi ; la première partie était comique tandis que le reste était un mélange de farce, de nihilisme et de cruauté.

Après des débuts dans une petite salle, la pièce avait eu un vif succès dans le West End. Elle a ensuite été produite dans neuf autres pays, a rapporté pas mal d'argent aux autres, et un peu à moi-même. Plusieurs semaines durant, j'ai été, d'après les journaux tout au moins, la « voix des jeunes », mais aussi le jeune écrivain le plus prometteur d'Angleterre. Comme le disait Fiona, si ça, ça ne chamboule pas ta vie, alors quoi d'autre ?

Peu de temps après, j'ai commencé à travailler sur le script de la version cinématographique de ma pièce. Les producteurs avaient accepté de me laisser essayer, à condition qu'un vrai scénariste prenne le relais en cas d'échec. J'avais très envie d'essayer. Plus j'avais de succès, plus je doutais de moi, semblait-il.

Phillip m'avait donné la clé de chez lui. Mon appartement était bruyant et Fiona y dormait souvent pendant la journée : elle travaillait avec de jeunes délinquants et devait assurer des permanences la nuit. Si bien que, chaque matin, je me rendais tranquillement chez Phillip, une fois que lui-même était parti travailler.

Quand il faisait chaud, je m'installais sur le toit – simple surface plate entourée d'une grille en fer qui donnait sur Earl's Court. Je posais ma machine à écrire sur une caisse, une bière et un cendrier à portée de main, et je m'attelais à la tâche. Je marchais de long en large, lisant les dialogues à voix haute, m'efforçant d'imaginer les différentes scènes une fois mises bout à bout. Il ne m'a pas fallu longtemps pour comprendre qu'un film a vite fait d'épuiser votre imagination.

J'étais angoissé en permanence, pour tout un tas de choses que je trouvais angoissantes. Au plus fort du succès de la pièce, je me rendais à toutes les invitations, je rencontrais des journalistes, je donnais des conférences, je faisais des comptes rendus, j'écrivais des articles. On trouvait que j'avais un côté direct qui était amusant, plein de malice ; j'avais participé à plusieurs jeux télévisés. Je ne me faisais pas d'illusion sur la longévité de cet engouement. De fait, persuadé que mon succès n'était que le fruit d'un heureux hasard, je me mis à déclencher de nombreux symptômes tels que démangeaisons, compulsions, grosses angoisses et, certaines fois, agoraphobie.

Comme beaucoup de gens talentueux que j'ai connus, je m'inquiétais à l'idée qu'un beau jour les autres comprennent que j'étais un imposteur, un idiot. Après tout, quand vous êtes musicien professionnel ou même footballeur, vous avez déjà fait la preuve d'un haut niveau de compétence. Mais, dans mon domaine, qu'est-ce qui m'empêche de penser que je suis aussi inutile qu'un poivrot, même si j'ai reçu un prix pour une nouvelle de deux pages qui raconte l'histoire d'une femme qui se fait dévorer par des chiens, même si mon agent m'appelle pour me donner les chiffres de ma dernière pièce ? Un écrivain plus âgé, auprès de qui j'allais parfois chercher quelques conseils, m'avait dit : « Écrire un bon texte ou un texte qui a du succès, ce n'est rien. Mais, à moins de choisir de mourir jeune, tu devras réitérer la chose toute ta vie durant. Bonne chance. »

Ce n'était pas ma seule source de doute ou de conflit. Fiona et moi avions vécu quatre ans ensemble mais nous étions en train de nous séparer. Elle attendait qu'une location se libère et j'allais bientôt acheter mon propre appartement. Nous avions tous les deux rencontrés quelqu'un mais, la plupart du temps, nous dormions dans le même lit. Comme un enfant que ses parents ont toujours adoré, je découvrais à quel point il est perturbant de vivre avec quelqu'un qui vous méprise, vous regarde de manière haineuse et refuse de vous laisser lui donner quoi que ce soit.

Chaque jour, c'était un soulagement de voir Phillip quand, vers cinq heures, il rentrait chez lui, mettant un terme à ma journée de travail. Lorsque j'étais sur le toit, je descendais l'accueillir avec un gin tonic et un cigare. En fin d'après-midi, l'effort requis par l'écriture et la paranoïa engendrée par la solitude avaient achevé de me déstabiliser. Je me disais qu'un homme comme Phillip avait une chance rare de passer la journée à faire un travail fructueux lui permettant d'évacuer sa culpabilité.

Tandis que Phillip lisait les journaux, je préparais le repas. Lorsque je m'offrais un bain de soleil, comme c'était souvent le cas, je déambulais nu dans l'appartement, sous son regard. Le matin, je faisais du yoga, du jogging, du vélo le long de la rivière, je nageais, je soulevais des haltères devant le miroir de notre appartement. J'avais minutieusement sculpté ce petit corps trapu plein d'énergie et j'aimais particulièrement qu'on l'admire.

Je me rends compte que j'ai toujours aimé avoir un meilleur ami, quelqu'un de plus âgé qui soit un frère, un guide, un complice pour moi. Phillip était celui avec qui je riais le plus, avec qui je voulais partager mes pensées pour qu'il me connaisse mieux. Je pouvais le faire hurler de rire rien qu'en transformant ma voix : j'avais toujours été doué pour saisir les accents, les attitudes, et je les imitais en un rien de temps. Je n'étais pas ravi d'être un amuseur mais il me suppliait régulièrement d'imiter certains ténors de gauche, ou des amis, des personnalités du monde de la télé. En ces temps d'âpre lutte politique, la frivolité n'était pas seulement rare et chère, c'était de la subversion à l'état pur.

J'avais toujours été un étudiant lambda mais, en raison d'une tolérance pour les autres dont je constate aujourd'hui qu'elle est peu répandue chez les écrivains, j'étais suffisamment malin pour me dire que si j'avais des amis intelligents, je pourrais leur emprunter beaucoup en usant d'un minimum de concentration et de recherche. Phillip était bien la personne la plus drôle que je côtoyais à l'époque ; sa conversation était un savant mélange d'anecdotes personnelles (récits détaillés et hilarants de ses mésaventures amoureuses et sexuelles, tant avec des hommes qu'avec des femmes), de références littéraires et de ragots politiques : il était particulièrement actif au sein du parti travailliste et il dirigeait la section locale de la campagne pour le désarmement nucléaire. Son appartement, qui comprenait une chambre et un grand salon, était rempli de livres. Fiona, lui et moi avons passé des week-ends entiers à monter de nouvelles étagères tout en buvant et en organisant des fêtes sur le toit.

J'imagine que Fiona et moi formions un couple désirable à ce moment-là : nous étions beaux tous les deux (elle avait été mannequin pendant un temps), nous étions brillants, toujours à la dernière mode, nimbés de l'ignorance touchante des effets que l'association de notre vanité et de notre assurance pouvait avoir sur les autres, de la colère que cela pouvait provoquer.

De plus en plus, Fiona s'ennuyait avec moi, elle étouffait et avait décidé de faire preuve d'audace. Elle fréquentait les bars, ne rentrait qu'au petit matin. Un soir, alors que je l'attendais à la maison (quand on se masturbe, on ne fait pas envie), elle avait couché avec deux hommes en même temps. Dans la foulée, et parce que j'étais sous l'influence de Joe Orton plus que je ne le serais jamais, je me suis dit que je pourrais bien laisser Phillip me toucher un peu.

Si ça lui faisait plaisir, et c'est l'impression qu'il donnait quand je m'offrais à lui, il pouvait bien m'embrasser les mains, les épaules, le cou. Puis il s'est mis à me caresser la tête, le dos, il a commencé à jouer avec mon cul. Plusieurs fois, il m'a sucé, tandis que j'étais allongé sur le canapé, vaguement embarrassé, je crois, comme un enfant que l'on tripote, alors qu'il s'activait sur moi jusqu'à ce qu'il éjacule. Il ne m'excitait pas ; je n'avais aucune envie de le toucher, et n'en ai jamais eu. J'aimais juste être désiré et, pendant un temps, je me délectais de cette idée d'être dans une position « féminine », me semblait-il. C'était la première fois que j'avais un tel pouvoir, une telle aptitude à rendre l'autre complètement fou.

Quand Fiona était avec nous, on s'abstenait. D'ailleurs, elle n'était pas au courant, même si je me disais qu'avec son attention plus aiguisée que la mienne aux sentiments souterrains, elle avait déclenché quelque chose le soir où elle m'avait demandé : « À ton avis, de toi ou de moi, qui fait le plus envie à Phillip ? À moins qu'il nous désire tous les deux ? Je me demande qui aurait assez de couilles pour être aussi gourmand. »

La fois d'après, chez lui, on s'est assis chacun sur un de ses genoux. Me lançant un clin d'œil, Fiona avait commenté : « Dirk Bogarde dans *Mort à Venise.* »

C'était drôle de le titiller comme ça mais je respectais Phillip. Je ne pourrais pas en dire autant de lui. J'étais quelquefois allé dans sa classe, où il m'avait invité à parler de « ma carrière » à ses élèves, et je voyais bien qu'il était capable de susciter l'enthousiasme de ces jeunes, de leur expliquer pourquoi il fallait prêter attention à tel personnage, telle période. Comme j'avais moi-même beaucoup appris de lui, je ne comprenais pas que son métier lui donne l'impression d'être inutile, ou qu'il lui fasse honte.

Mon côté insouciant le mettait hors de lui. Il commença à m'expliquer qu'il gâchait son talent à l'école. Il voulait que je sache qu'il était plus doué que la plupart des gens ne pouvaient le comprendre. Il me déclara qu'il avait besoin de « se protéger des autres ». Puis je découvris qu'au lieu de travailler à sa thèse le week-end, il avait écrit des pièces de théâtre et des histoires. Il devait se dire que si j'y arrivais, pourquoi pas lui ? Quand il me les donna à lire, je me contentais de lui indiquer gentiment qu'il y avait plus de pages que nécessaire.

Maintenant, au moins, j'ai compris que quand on connaît quelqu'un depuis longtemps, loin de mieux le cerner, on est ahuri, à mesure que l'on se rapproche de son inconscient, de voir à l'œuvre le délire et la violence du fonctionnement humain. Ainsi, tout en réagissant de manière plutôt désinvolte aux tentatives littéraires de Phillip, je n'arrivais pas à me défaire si facilement de l'impact qu'elles avaient sur moi. Même s'il n'avait pas de valeur esthétique, ce travail était forcément le reflet de son esprit et, instruit par mes expériences alarmantes et exaltantes avec le hasch, je reconnaissais aisément l'état dans lequel il semblait se trouver. Son être intime, contrairement à son être social, était déconnecté, incohérent, peuplé de nuées de policiers, pourvoyeurs d'une tentative d'ordre, vraisemblablement. Intérieurement, il ne me ressemblait pas du tout, ce qui ne laissait pas de me choquer. Les presque-fous sont partout parmi nous, la plupart d'entre eux sont déguisés. Tout comme les blondes, on croit qu'ils s'amusent plus, ou qu'ils sont plus malheureux que nous. Mais qui, en tant qu'« artiste », n'accueillerait pas l'étrange comme la vérité ? Et qui ose jamais regarder le monde en face ?

Depuis que j'avais commencé à avoir du succès, j'étais invité à de nombreuses premières ou dernières représentations, à des fêtes à l'occasion de telle ou telle publication, et j'avais l'impression qu'il ne se passait pas un jour, pas une semaine sans que j'aille à ce genre de soirées. Dans chacun de ces lieux, des groupes de photographes postés à l'extérieur attendaient les stars du cinéma et les écrivains célèbres. Je ne m'étais pas payé un seul verre en deux ans et, si vous étiez en manque d'inconnus et de raseurs, vous étiez servi. Soho était encore un quartier un peu craignos mais l'argent et la séduction, qui finiraient par le corrompre, arrivaient à grands pas. Le Groucho Club venait d'ouvrir ses portes et, à l'époque, on pouvait s'arranger pour y entrer facilement.

J'aimais emmener Phillip dans ces soirées. Il était plus investi dans la quête de son plaisir que moi, plus convaincu aussi qu'il pouvait se lier instantanément avec les autres, si bien qu'il y arrivait toujours mieux que moi. J'étais un boute-en-train et un témoin enthousiaste mais, un soir, après une fête dans un pub, il piqua une crise et me saisit brusquement à la gorge en me secouant :

« Putain de bordel de merde, arrête de dire partout que je bosse dans l'enseignement !

— Tu veux que je raconte que tu es commandant de sous-marin ?

— Tous ces gens dédaigneux, bourrés de privilèges, ont envie qu'on leur dise que je suis acteur. Ou mannequin, prostitué, metteur en scène dans le cinéma. “Enseignant”, ça les oblige à se coltiner avec l'instinct de mort. Je vois leur regard qui essaie d'accrocher quelqu'un, n'importe qui, à l'autre bout de la pièce. »

Puis, un jour, une fille me demanda :

« Est-ce que votre magnifique pièce sera adaptée à l'écran ?

— Mais oui. C'est en route, lui ai-je répondu.

— Qu'est-ce que tu veux dire ? rétorqua Phillip.

— Il semblerait que j'aie encore eu de la chance. »

Quelques semaines après avoir remis le script, le film était en préproduction. Comme le metteur en scène voulait que les acteurs passent du temps ensemble avant le tournage, on les avait très vite recrutés ; ils formaient un groupe de graines de stars très séduisantes.

Phillip et moi nous sommes rendus dans un restaurant de Soho pour faire la connaissance des « deux phénomènes », le garçon et la fille qui jouaient les rôles principaux et que l'on avait vus peu de temps auparavant dans des films qui avaient très bien marché, comme le prouvait assez l'attroupement d'inconnus extatiques autour d'eux. Le lendemain, on est allé au cinéma tous les quatre.

En fin de soirée, j'ai raccompagné Phillip à pied chez lui. Cela faisait un moment qu'il affichait un air maussade mais, ce soir-là, il s'est mis à me sermonner. Je n'avais pas de principe, pas de force morale ; j'étais un menteur, qui faisait n'importe quoi, racontait n'importe quoi pour grappiller le moindre avantage. J'étais en train de perdre le sens des réalités – avec les gens qui travaillent, l'argent, le manque d'argent. Pour tout dire, j'étais une mascarade ambulante.

« Qu'est-ce que tu fais pour justifier ta vie ?! hurla-t-il.

— Moi, au moins, je suis devenu quelqu'un. »

Il a commencé à me serrer la gorge. Pourquoi cherchait-il à jouer à la bagarre, comme nous le faisions parfois ? Il était à peine plus grand que moi avec son mètre quatre-vingts mais, à la fac, il avait fait beaucoup d'aviron. Il avait des bras musclés dont il savait se servir, et une bonne ceinture abdominale.

Il m'a renversé et je me suis retrouvé par terre, à le regarder, tandis qu'il me rouait de coups de pied. Je voulais me relever pour le bourrer de coups de poing, comme quand on est gosse. Mais ça ne me semblait pas très naturel, un peu stupide, et puis je risquais de me blesser, d'y perdre notre amitié, ce qui était ma grande peur du moment.

« Comme ça, tu as compris, me dit-il.

— Compris quoi ? » lui demandai-je, en frottant mes vêtements.

Finalement, j'ai rappelé Phillip, tard dans la nuit.

« Bonsoir, mon cher, me dit-il d'une voix endormie. C'est un vrai plaisir d'avoir de tes nouvelles. Tu as bu ?

— Pire. J'ai atteint un âge où je commence à passer en revue ma misérable existence, à faire les addictions – pardon, les additions, les soustractions. »

Pourquoi ai-je dit « misérable » ? Est-ce ainsi que je voyais ma vie ? Y avait-il une quelconque justification à cela ? Ce soir, peut-être. Mes quatre enfants étaient à la maison pour les vacances. Ils se détachaient de nous. Bientôt, ils seraient partis pour de bon et ne reviendraient que pour se plaindre. Je commençais à me dire que, si je n'étais pas un père, qu'est-ce que j'étais alors ?

Un peu plus tôt dans la soirée, j'étais allé à une réunion des Alcooliques anonymes. De retour à la maison, je m'étais retenu autant que possible, puis j'avais sorti la bouteille de vodka cachée derrière le canapé de mon bureau et j'avais bu quelques bonnes rasades.

Phillip a commenté :

« Ce sont des choses qui arrivent à ton âge, très cher.

— Tu as beaucoup de souvenirs de l'époque où on était amis ?

— Suffisamment pour dire que c'est bien ton style de lancer une question aussi directe. Comme, en ce moment, j'ai du mal à me poser pour envisager sereinement l'avenir, j'ai repensé à pas mal de souvenirs de notre passé commun depuis la dernière fois qu'on s'est parlé au téléphone ; ça m'a bien fait rire… Tu étais un de mes meilleurs amis. C'est toujours comme ça que je te vois, d'ailleurs.

— Mais tu m'as blessé – je veux dire, physiquement – à plusieurs reprises.

— Ah bon ? Tu as ruminé ces vieilles histoires ? Si c'est pour ça que tu appelles, oui, je me souviens qu'on s'est un peu battu. On aimait bien ça, non, se bagarrer comme des mômes ?

— Je détestais.

— Je ne me souviens pas que tu t'en plaignais beaucoup. Et tu n'es pas vraiment le genre à te retenir ; d'autant que tu as toujours aimé qu'on te manifeste de l'intérêt, quel qu'il soit. Mais je suis prêt à m'excuser. »

Il y a eu un silence. Puis j'ai cru entendre un gloussement étouffé.

« Tu es toujours séduisant ? me demanda-t-il.

— Aux yeux de certaines personnes, je l'espère. C'est important ? »

Il rit.

« Qu'est-ce qu'il y a de plus important que le plaisir ou, au moins, ce qui remonte le moral ? Si seulement tu passais me voir, on pourrait tirer les choses au clair. Et Fred, mon vieux, si je t'envoyais quelques pièces à moi, ou quelques textes de fiction, est-ce que tu serais assez gentil pour les montrer à quelqu'un qui pourrait m'aider ? Je sais que tu as une certaine influence et le temps joue contre moi.

— D'accord.

— Au fait, le matin, quand tu te réveilles, tu as toujours une érection ?

— Non. Mais, c'est vrai, je ne m'en étais même pas rendu compte. »

J'aurais dû me douter que notre discussion n'apporterait aucun des éclaircissements que j'espérais. J'ai bu encore un peu, je me suis allongé et j'ai recommencé à dévider l'écheveau de ma mémoire.

J'aimais particulièrement agacer les autres, les provoquer et, comme Fiona se plaisait à le souligner, je pouvais être particulièrement irritant, animé parfois d'une négativité têtue. Elle n'habitait plus l'appartement quand on a démarré le tournage du film ; je me sentais à la fois abandonné et euphorique, j'avais du temps devant moi, que j'aimais surtout passer avec mes amis.

Pendant plusieurs semaines, il y a juste eu Phillip et moi ; on partageait plus ou moins son appartement, même si je n'y dormais jamais. Parfois, j'étais à peine rentré qu'il me passait aussitôt les menottes. « Tiens-toi à carreau aujourd'hui, me disait-il. Je suis fatigué. Ne m'embrouille pas. » Ou il m'agrippait le cou par-derrière avec son bras, me forçait à m'agenouiller, me laissant là, à même le sol ; ou encore, il m'attrapait le bras pour me faire une clé. S'il avait un accès de folie, il me jetait par terre pour me rouer de coups de pied.

La plupart du temps, il boxait l'un de mes bras, à des endroits légèrement différents chaque fois, si bien que j'avais tout le temps des bleus entre l'épaule et le coude, qui ressemblaient à des suçons un peu barbouillés. Un jour, j'ai laissé tomber un verre et je suis allé chercher l'aspirateur pour nettoyer. Il s'est emparé du tuyau et m'a fouetté les jambes avec, tandis que je me réfugiais dans un coin où j'essayais de me protéger. « Qu'est-ce qu'on se marre », me lança-t-il. À d'autres moments, on regardait la télé ensemble, on lisait les journaux à voix haute ou on discutait du parti travailliste.

Phillip avait commencé à fréquenter une collègue de l'école où il enseignait ; ils entretenaient une relation sexuelle frénétique. Il m'a mis une photo d'elle sous le nez : « Je n'ai aucune envie qu'elle te rencontre ! Elle m'a presque arraché la bite. » Et il m'a repris sa clé et son attention physique. Si je voulais passer chez lui, je devais d'abord appeler. Une fois, je l'ai croisé dans la rue avec sa prof et il s'est contenté de me faire un signe de tête comme si j'étais un voisin sympa. J'étais sa honte. J'avais collaboré, bien sûr. Je n'étais pas obligé de le voir. J'aurais même pu tout révéler.

Peu de temps après, il avait épousé la prof. Quand je lui ai demandé pourquoi il ne m'avait pas invité au mariage, il a ri. Sa femme a vécu avec lui jusqu'à leur départ pour Rome, où ils avaient décroché du travail dans une école internationale.

On se parlait au téléphone mais je n'ai pas eu l'occasion de le revoir, jusqu'à ce qu'il m'appelle pour qu'on prenne un verre, trois mois plus tard. Il m'a alors expliqué qu'il était parti seul à Rome car, entre-temps, son mariage n'avait pas marché. C'est tout ce qu'il m'a dit.

Quand il est parti pour de bon, sans reprendre contact, j'ai pris conscience que cette période avait été la plus bizarre que j'aie jamais connue. Je me l'expliquais très simplement en me disant qu'arrivé au sommet de ma gloire, j'avais eu besoin d'une bonne claque, et que j'en avais pris une sacrée. Quant à savoir exactement pourquoi, n'était-ce pas ça la vraie question ?

Je faisais toujours la tête quand j'ai téléphoné à Fiona :

« Tu te rappelles que, plusieurs fois, Phillip s'est battu avec moi ? Est-ce qu'il lui est arrivé de me blesser ?

— J'espère bien, me répondit-elle.

— Si j'avais été une femme battue, tu aurais eu envie de faire la révolution pour moi.

— Tu es si sérieux maintenant. L'autre jour, quelqu'un m'a dit de toi que tu étais solennel ! On en oublierait presque que tu étais un vrai dragueur, un drôle de coquin. »

C'est tout ce qu'elle m'a dit sur le sujet. Puis, elle a repris :

« J'ai regardé des photos récemment. On était jeunes, beaux. Pourquoi tu ne m'invites pas à déjeuner ? Tu connais les lieux à la mode aujourd'hui, non ? »

Ce n'était pas la personne à appeler. Peut-être faudrait-il que je rende visite à Phillip, finalement. J'hésitais, je consultais mes anciens carnets tout en prenant ces quelques notes dont je me sers maintenant, quand une de ses nièces a appelé pour me dire qu'il était mort.

J'avais eu très envie de traverser le lac en bateau mais, au bout du compte, à l'heure de l'enterrement, je me promenais dans mon bon vieux quartier.

La dernière fois que j'avais vu Phillip, je l'avais invité dans mon nouveau loft, un de mes premiers nombreux appartements, situé dans un ancien bâtiment industriel. Je l'avais acheté directement au promoteur, il était plus ou moins vide et, la nuit, j'aimais déambuler à travers ces grands espaces, entre les piles de livres par terre, à écouter de la musique, ou, depuis le jacuzzi, à regarder la vue distrayante de ce nouveau Londres constitué de grues et d'immeubles en construction. J'avais décidé de me faire un petit plaisir en commençant une collection de posters de rock : je les avais posés contre le mur, avec une affiche assez sexy de la version française de ma pièce. Mon film n'allait pas tarder à être présenté dans divers festivals, avant d'être diffusé partout, ce qui m'avait permis d'acheter l'appartement.

Le matin, j'avais fait le marché pour le déjeuner que je prévoyais avec Phillip. J'avais acheté des nouveaux verres, des assiettes, des serviettes, que je disposai sur la nouvelle table à plateau de verre trouvée chez Conrad. Mais il ne voulut même pas s'asseoir, il était pressé, il avait l'air gêné, comme s'il risquait des ennuis chez moi, alors que sa femme était partie. Malgré tout, il quittait le pays ; d'ailleurs, il faisait ses cartons.

« Si tu avais des couilles, tu pourrais vraiment prendre ton pied ici, me dit-il. Mais tu as peur des femmes, c'est ça ? Ou de tes sentiments pour elles.

— C'est ça.

— Et pourtant, tu as toujours eu un pot monstrueux. »

J'étais d'accord avec lui.

« Tout ça pour rien. J'aurais dû en faire moins, je sais. »

J'avais ouvert les boutons de ma chemise. J'ai essayé de lui prendre la main, espérant remuer un fond de sentimentalisme en lui.

« Pourquoi est-ce que tu dois partir ? Pourquoi est-ce qu'on ne déjeune pas, et puis on pourrait passer l'après-midi devant la télé, allongés sur le lit ?

— On n'a jamais fait ça.

— On ne faisait pratiquement rien d'autre. »

Il a tendu sa main vers la mienne : j'ai cru qu'il allait m'embrasser les doigts. Mais non, il m'a saisi brutalement, m'a tordu le bras, m'obligeant à pivoter alors qu'il remontait ma main le long de mon dos. Est-ce que je l'avais trop titillé ? Tout en lui proposant un verre de vin, j'avais dit : « Pour fêter ton grade de docteur, enfin » – peut-être de manière trop sarcastique, mais j'étais content et fier aussi qu'il en soit venu à bout.

Il ne relâchait pas sa prise ; je me suis retrouvé à genou. J'ai alors essayé de me retourner pour l'attaquer mais il m'a repoussé par terre et je suis tombé lourdement. Quand j'ai voulu me relever, je me suis aperçu que je ne pouvais plus bouger mon bras droit.

D'un commun accord, on a décidé d'appeler une ambulance. On a attendu des heures aux urgences avant qu'un médecin me remette l'épaule en place. Puis, j'ai dû garder mon bras en écharpe huit jours. Quand je suis retourné à la piscine, mon épaule s'est à nouveau déboîtée et on a dû m'aider à sortir de l'eau. On m'a expliqué que ce serait toujours un point faible.

Pendant quelque temps, j'ai tapé mes textes avec la main gauche. Mais ça ne suffit pas à expliquer pourquoi la pièce d'après a tourné court, ainsi que celles qui ont suivi. La cruauté mêlée de plaisir avec laquelle la presse a accueilli ces échecs n'est vraiment pas une expérience que j'ai envie de revivre. J'ai loué mon appartement et je suis parti à Los Angeles où j'ai écrit quelques films américains qui n'ont jamais été tournés, dont l'un avec un *chipmunk*. Mon agent me disait :

« Ta réputation décollera le jour où quelqu'un choisira un de tes scénarios pour faire un film. Si ça ne prend pas, tu peux te brosser et dire adieu à ta carrière américaine. »

Sur ces entrefaites, je suis rentré. Je me rendais compte qu'il était facile d'échouer et, l'espace d'un ou deux mois, j'avais eu l'impression qu'on m'avait sorti du lit pour me jeter dehors au beau milieu de la nuit. Mais ça ne m'a pas empêché de redémarrer. Et de réussir dans l'immobilier. Avec ma femme, qui était simple employée dans une agence du quartier quand je l'ai rencontrée et qui, l'instant d'après, était devenue « marchand de biens » – et malgré les vicissitudes du capitalisme dont j'avais toujours souhaité la mort avec mes potes –, nous n'arrêtions pas de déménager, d'acheter des appartements, soit pour les louer soit pour les revendre. En cinq ans de temps, j'étais parvenu à réaliser l'ambition de mon père : ne plus avoir à travailler pour le restant de ses jours.

Jusque-là, je n'étais pas particulièrement attiré par l'argent et je n'avais jamais rencontré quelqu'un dont la seule ambition soit de s'enrichir. Adolescent, j'imaginais qu'être artiste était ce qu'il y avait de plus désirable au monde. Mais je découvrais que, au moins au début, l'accumulation du capital était une occupation comme une autre, jusqu'à ce que je perde tout intérêt pour la chose. Je trouvais gênant tout cet étalage et, chaque fois que je constatais que, pour la plupart des gens, la vie est une lutte permanente, la richesse que l'on avait extraite du monde comme la crème du lait prenait un goût de plus en plus amer, tandis que la tentation de militer pour les droits de l'homme devenait presque insoutenable.

Parce qu'il était nécessaire de fréquenter assidûment les gens les plus matérialistes sur cette terre et parce que je suis, m'a-t-on dit, un homme relativement velléitaire, voire masochiste, j'ai compris à ce moment-là qu'il me serait plus facile de coopérer que de geindre. Ma femme aimait tout ce qui touchait à la maison : la vue, le jardin, la localisation, les tapis, les abat-jour. Pour elle, c'était comme si elle collectionnait des objets d'art, si ce n'est qu'elle aussi était une sorte d'artiste, remodelant tout ce qu'elle achetait et n'encourageant pas la contestation. J'adorais sa passion et, plus tard, sa dévotion, sa concentration, son absence. Au cours de cette période bien connue, soit pendant cinq ans environ, j'aimais presque tout d'elle.

On avait l'impression d'avoir des maisons partout où il s'en construisait, surtout dans le sud de la France et de l'Italie ; on y descendait avec les enfants, leurs amis, les parents. On faisait des sorties, des barbecues, des dîners, toutes sortes de fêtes et autres réjouissances, y compris des visites de parcs aquatiques, si bien qu'il ne me restait pas grand-chose à faire, si ce n'est parler.

Au bout d'un certain temps, j'ai commencé à me sentir déconcerté, et vraisemblablement déprimé d'observer l'inévitable glissement vers la nonchalance qui caractérise, semble-t-il, la plupart des mariages, et qui implique acceptation, secret, rébellion. Ce qui m'avait satisfait à une époque avait disparu ; comment vivre dans ces circonstances ?

Étant donné mon tempérament héroïque, j'ai plus ou moins laissé la situation s'installer, après avoir envisagé la fuite. J'avais peu d'inclination pour l'insurrection. J'admirais la subversion chez les autres mais je n'aurais pas trouvé naturel du tout de ne pas vivre avec mes enfants, de les voir de manière occasionnelle, comme un oncle gentil mais préoccupé. Je concentrais toute mon ambition sur eux quatre. Aujourd'hui, quand je me demande ce que j'ai fait de tout ce temps, je peux simplement dire que j'étais avec les gamins, à manger, discuter, argumenter, à aller au ciné, à écouter de la musique, à vadrouiller dans les rues, à jouer au tennis ; c'est ainsi que j'ai passé des années de ma vie et, ça, on ne peut pas le mesurer, ni le compter, ni le décompter.

Naturellement, les ironies de cette période pouvaient se révéler une vraie torture. Comment pouvais-je ne pas me rendre compte que nous vivions une époque farouchement sexuelle ? J'avais accompagné toute l'évolution de ce que l'on appelle la révolution sexuelle : du refoulement au… défoulement, jusqu'à l'interdiction de la honte, l'interdiction d'interdire. Et voilà où je me retrouvais : en pleine époque de désir sexuel, mais en simple observateur curieux. Quelle vitrine alléchante. Je dirais qu'après cinquante ans il faut être rusé avec ses plaisirs si on veut encore en faire l'expérience ; et pourquoi le voudrait-on ?

Je comprenais que c'étaient les femmes de Tolstoï, Zola, Colette et Jean Rhys que j'avais aimées quand j'étais adolescent et que je me donnais la peine de lire ; c'était une façon d'être proche des femmes, mais pas trop proche. Pourquoi ne pas en faire une vocation ? Je m'autorisais à m'enticher des épouses d'hommes d'affaires toujours en voyage, qui semblaient proliférer dans les environs. Impatientes, effarées, il ne leur manquait qu'un homme désireux d'en savoir plus sur elles, et susceptible de les exciter du seul fait de cette possibilité qu'il incarnait. L'illusion moderne selon laquelle les femmes peuvent « tout » avoir est d'une platitude incroyablement trompeuse, qui conduit tout droit au désespoir, si vous voulez mon avis. De même que l'idée que l'amour suffirait à combler le mariage. Sur le long terme, c'est l'institution, non pas l'affection, qui conduit les gens à rester ensemble.

Sur le court terme, j'étais un agent double, qui faisait semblant de s'intéresser à l'accumulation du capital mais qui avait une envie folle d'intimité. Quand c'était possible, j'évitais de coucher avec ces femmes, ne souhaitant pas donner à la mienne une excuse pour se montrer plus indifférente encore et, lorsque c'était nécessaire, j'invoquais des problèmes cardiaques, de goutte ou de tension.

Il faut dire que je suis assez corpulent, je souffre de sciatique et je ne peux pas marcher très longtemps, même si les médecins encouragent ceux qui ont eu un accident cardiaque à faire de l'exercice. De longues balades avec ces filles dans les environs de propriétés à la campagne suffisaient à provoquer désir, proximité, fantasmes de part et d'autre. Ce que j'aimais, c'était leur vulnérabilité. Peut-être que je jouais à Phillip, l'homme inaccessible, celui qui ne livre rien, croyant qu'il n'a rien à donner.

J'avais édité un livre d'histoires de fantômes et j'avais écrit, sans grand intérêt, les épisodes de diverses séries télévisées, afin de ne pas perdre la main ; une sorte de travail en déconstruction, si vous voulez. Il y a quelque temps, une femme très gentille m'a dit : « Vous les artistes, vous avez vraiment de la chance, vous savez ce que vous voulez faire, pourquoi vous vivez, vous êtes productifs, les femmes vous encensent et vous courent après. » Ça a complètement perturbé mon indolente assurance, au point que je me suis dit que je pourrais revenir à une forme d'écriture sérieuse, pour voir s'il y avait quelque chose que j'aurais besoin de dire et que je ne puisse garder pour moi.

En attendant, je travaille une fois par semaine dans une prison de femmes. C'est une autre manière de désigner un asile, et ces malheureuses (je les appelle « mes meurtrières »), délirantes, silencieuses, grimaçantes, droguées, me racontent leurs infortunes de temps à autre, elles les écrivent aussi parfois. J'ai l'impression qu'il n'y a pas de situation plus noire ni plus désespérée au monde. Même si chacun d'entre nous construit sa propre prison pour ensuite se plaindre de cet enfermement, je sais que je ne m'habituerai jamais au bruit de ces grosses clés quand elles tournent dans la serrure. Dieu merci, même aujourd'hui, je suis encore capable de me rebeller contre moi-même.

Le déclin de l'Occident

Le voyage en métro avait été l'un des plus éprouvants que Mike ait jamais subi ; il était impatient d'ouvrir la porte de chez lui, de s'engouffrer dans le hall bien chaud, d'entendre la voix de sa femme et de ses enfants, de voir le chat descendre les escaliers pour venir se frotter contre lui.

Mike travaillait rarement moins de douze heures par jour et cela faisait des semaines qu'il n'était pas rentré si tôt. La jeune fille au pair profitait plus de sa maison et de sa famille que lui.

Il se disait qu'il ferait mieux de tout dire à sa femme tout de suite mais quand Imogen est passée à côté de lui dans l'entrée, un verre de gin tonic à la main, elle lui a annoncé qu'elle montait prendre un bain. Mike a sorti un plat tout préparé du congélateur et l'a mis dans le micro-ondes. En attendant que ça chauffe, il s'est versé un verre de vin et s'est posté devant les grandes fenêtres qui donnaient sur le jardin.

Il s'était dit qu'il allait lire des ouvrages d'œnologie afin de se constituer une cave. Imogen n'avait cessé de lui expliquer que, s'il se trouvait un passe-temps, il serait moins nerveux ; étant donné qu'il avait arrêté de fumer depuis peu, le vin pourrait l'aider à compenser.

Il était convaincu qu'il savait y faire pour se débarrasser d'une habitude. Contrairement à certains de ses amis et collègues, il pouvait se contrôler, il n'était pas dépendant. Mais maintenant que le système financier échappait à tout contrôle, maintenant qu'il avait été licencié, la perspective de tout abandonner, y compris l'idée même d'avenir, prenait un autre sens.

Il alluma les lumières du jardin et, tout en regardant la nouvelle terrasse où ils avaient fait des barbecues l'été précédent, il se disait : « J'ai payé tout ceci avec mon temps, mon intelligence, les études que l'État m'a permis de suivre. » À l'autre bout du jardin, il y avait une cabane qu'il avait construite pour que les garçons puissent y jouer de la musique, et où il avait installé un poste de télé, une batterie et des amplis. Il avait à peine commencé à la payer que les gamins n'y allaient déjà plus. Au-delà, il voyait l'intérieur des salles de bains et des chambres où vivaient d'autres familles qui ressemblaient beaucoup à la leur.

Située dans la banlieue aisée de Londres, leur maison était une demeure étroite à cinq étages qui donnait sur un parc et possédait un parking privatif. Comme ses enfants aimaient à le faire remarquer, ils avaient des amis à l'école qui vivaient dans des maisons bien plus grandes ; leur père était soit patron d'une compagnie de disques, soit conseiller financier pour des footballeurs célèbres. Mike, qui travaillait dans un service financier, était un petit joueur en comparaison.

Pourtant, depuis quelque temps, lui et Imogen envisageaient sérieusement de faire de grosses améliorations dans le jardin et la maison. C'était quelque chose qu'ils prenaient plaisir à élaborer ensemble et, jusqu'à très récemment, ce quartier prospère de Londres regorgeait d'ouvriers polonais tout à fait compétents pour ce genre de travaux. La plupart des amis de Mike et Imogen n'arrêtaient pas de reconfigurer leur maison. C'était une loi naturelle : on ne perd jamais l'argent investi dans la pierre. Mais peut-être Mike aurait-il dû être plus attentif au fait que, depuis un an, ces Polonais habiles avaient commencé à rentrer chez eux.

Il posa son assiette sur l'élégante et rutilante table de la salle à manger où il aimait s'installer le soir pour discuter avec des amis. Imogen, qui ne touchait à rien d'autre que du bio depuis des années (sauf à son insu), avait déjà dîné avec les enfants. De là où il était, Mike voyait ses deux garçons, absorbés par un jeu vidéo assez violent qu'ils avaient branché sur la télé.

Ce qu'il avait dans son assiette n'était pas très appétissant : le riz était tout sec, les crevettes étaient du vrai caoutchouc. Les assiettes sales des garçons étaient encore sur la table, où s'entassaient pêle-mêle manuels scolaires, trousses, un sac à dos d'où sortaient quelques affaires de football, ainsi que trois billets de 20 livres qu'Imogen avait laissés pour la femme de ménage. Mike en prit un, qu'il examina avec attention. Comment n'avait-il jamais remarqué le petit sourire sardonique, façon Mona Lisa, arboré par cette reine couverte de bijoux jusqu'aux yeux – un sourire moqueur, finalement, comme si la vanité et l'envie suscitées par le billet lui faisaient pitié ?

« Mike, toute ta vie, tu as eu de la chance », lui disait souvent son père – ce même père qui finissait tout juste de rembourser son crédit immobilier quand il avait pris sa retraite, mais qui n'en pensait pas moins qu'avoir des dettes, d'un point de vue moral, c'était faillir. « Dans le Kent, là où je vivais quand j'étais gamin, on était bombardés par les Allemands tous les soirs. Tu n'as pas eu à subir de telles catastrophes, tu n'as pas eu de meurtres dans ta famille. Tu as échappé au vingtième siècle, toi ! »

Mais pas au vingt et unième. Le sacro-saint mot de l'après-11 Septembre, c'était « sécurité » (les hommes politiques et les psychologues n'avaient que ça à la bouche) ; mais Mike se disait que plus le pays était quadrillé par des hommes portant gilet fluorescent estampillé « sécurité », plus il avait peur – et ce, avec raison, comme on a pu le constater par la suite. Après avoir réussi à obtenir la direction d'un service de quarante personnes, Mike devait maintenant licencier tous ceux qu'il avait recrutés et, en l'espace de deux semaines, il fallait qu'il ait fait disparaître toute trace de sa propre existence.

« Débarrasse ton assiette et va la laver, lança-t-il au garçon de quinze ans qui jouait sur la télé.

— Je l'ai déjà fait hier, lui répondit Tom.

— Mais c'est *ton* assiette », rétorqua Mike.

Le garçon fit comme s'il ne l'avait pas entendu.

« S'il te plaît, arrête ce jeu. Regardons plutôt le foot ou une comédie. J'ai besoin de me changer les idées ce soir.

— Laisse-moi tranquille, lui dit son fils. Je viens juste de commencer. Avec toi, je ne peux jamais rien faire. Tu veux tout contrôler.

— Dix minutes et tu éteins.

— Pas question.

— Si c'est pour perdre ton temps, va donc dans ta chambre.

— Ma télé ne marche plus. Pourquoi tu ne la répares pas ? Pourtant, tu m'avais promis. Pourquoi tu ne fais jamais rien pour moi ?

— Je te donne tout ce que j'ai et je n'ai pas l'intention d'arrêter.

— Tu rigoles ? Tu ne fais rien pour moi. »

Le cadet, qui avait quatre ans de moins, prétendait s'être fait mal au pied : il s'approcha de Mike en sautillant et posa la tête sur l'épaule de son père. Mike passa son bras autour de son cou et l'embrassa. Le plus grand ne voulait plus que son père ni même sa mère ne l'embrassent maintenant.

Mike avait trouvé amusant d'entendre certains de ses collègues déclarer leur intention de devenir jardinier en attendant la fin de la crise ; d'après eux, tout ce dont on avait besoin, c'était d'une tête vide et d'un désir de développer ses pectoraux. D'autres avaient dit qu'ils seraient peut-être obligés de se mettre à l'enseignement. À quarante-cinq ans, Mike n'avait aucune idée de ce qu'il pourrait faire. D'abord, il fallait qu'il perde tout.

Billy tapota le dos de son père et lui fit remarquer, non sans une certaine forme de condescendance : « Parfois, je t'aime bien, tu sais, Papa. Mais j'ai très envie de prendre des leçons de guitare. Et pour ça, il me faut d'abord la guitare et l'ampli, comme Tom. »

Si, en général, la vie de famille peut donner l'impression d'être chaotique, la leur était parfaitement réglée, comme du papier à musique. En plus des cours particuliers, ses fils suivaient également, si Mike avait bonne mémoire, des cours de tennis, d'espagnol, de piano, de natation, de chant, de karaté, ils allaient souvent au cinéma, au théâtre et ils allaient aussi voir des matchs de foot. Comme la plupart de ses amis et relations, Mike avait des dettes colossales, l'équivalent de deux années de salaire pratiquement. Mais il avait toujours pensé (enfin, quand il y pensait) que ça faisait partie des dépenses normales de son budget. D'une certaine manière, à un moment vers le milieu des années quatre-vingt, les gens avaient commencé à se dire qu'il n'y avait pas de honte à avoir des dettes et, après 1989, cela semblait faire l'unanimité : le capitalisme était en plein essor, il n'y avait pas de manière plus judicieuse et plus agréable de vivre que d'accepter la situation, en chantant et en dépensant son argent.

Mike repoussa son assiette. Le soir, après avoir mangé, il aimait s'isoler dans son bureau pour se consacrer à Stravinski, écouter son œuvre morceau après morceau, dans l'ordre où ils avaient été écrits, tout en lisant ce qu'il avait sur la vie du compositeur. Une fois tous les quinze jours, il retrouvait des potes pour une soirée disques où chacun passait les extraits de son choix. Il y avait quelque temps de cela, un sculpteur particulièrement ennuyeux qui faisait partie du groupe avait regardé Mike droit dans les yeux tout en évoquant sur un ton moqueur « le culte de l'argent », n'hésitant pas à dire que le métier qu'il faisait était éthiquement « fondamentaliste » au prétexte que croyance et ferveur en étaient les maîtres mots et qu'on y décourageait le doute.

Le sculpteur défendait la thèse erronée et condescendante selon laquelle l'imagination ne s'exercerait que dans l'art. Mike était furieux mais incapable de chasser de son esprit les remarques de ce sale type quand il pensait à la façon dont lui-même vivait. Il se demandait s'il n'était pas devenu quelqu'un de dur, incapable, comme le sculpteur, d'imaginer la vie que menaient les autres.

Mais il était le premier à reconnaître que ce désir d'assimiler les banquiers à des béotiens voyous et voraces reflétait le souhait de tout un chacun de dissocier nettement l'univers des banques du reste du monde, de la même manière qu'on préfère ne pas penser aux abattoirs quand on mange. Toutefois, comme beaucoup d'autres gens, Mike s'était demandé avec inquiétude si la catastrophe qu'ils traversaient n'était pas une punition pour ces années de folles dépenses et d'égoïsme forcené ; c'était la dette qu'ils devaient rembourser en souffrances. Et pourtant, comment pouvait-on décréter que sa famille était méprisable ou coupable pour autant quand la seule chose qu'ils demandaient, c'était l'amélioration constante de leur niveau de vie ?

Mike s'est approché du lave-vaisselle, a mis une dose de lessive dedans, a refermé la porte, puis il a appuyé sur le bouton de démarrage et s'est retrouvé plongé dans le noir. L'horloge de la cuisinière s'est arrêtée, bloquée sur quatre zéros qui s'affichaient en chiffres digitaux lumineux ; le micro-ondes aussi s'est arrêté d'un seul coup. Soudain, il n'y avait plus un bruit, si ce n'est un chien qui aboyait dans un des jardins alentours.

Du fond de ce moment de rien, il a entendu la voix du petit qui criait : « Papa, Papa, Papa… Fais quelque chose ! »

À tâtons, Mike a cherché une lampe électrique dans un tiroir, il a traversé la maison pour descendre l'escalier en bois branlant qui menait à la cave en suivant le rayon lumineux de sa lampe. Mais les marches glissaient et, avec ses chaussettes au pied, il a dérapé et a perdu l'équilibre. L'espace d'une seconde, il a cru qu'il allait tomber sur le dos et se casser le cou. C'était tellement facile de tomber, tellement tentant de mourir – brutalement : ce serait mieux ainsi !

Il a attrapé fermement la rampe, s'est ressaisi, a repris sa respiration (il sentait une odeur de gaz et de carton moisi) avant de poursuivre sa descente jusqu'au sol en béton où il s'est retrouvé cerné de boîtes de peinture, de jouets d'enfant cassés, d'une décennie d'objets achetés (et maintenant relégués) et de sacs remplis de reçus de cartes de crédit.

Là, dans cette pénombre où il serrait et desserrait les poings, il s'est demandé s'il n'allait pas devenir complètement fou. Il savait qu'il serait tenu à l'écart de ceux qu'il connaissait, qu'il aimait, et que, petit à petit, il ne serait plus qu'une sorte de « disparu ». Un moment, il songea qu'il pourrait révéler aux journaux nationaux la bêtise, la corruption qui régnaient dans son service, trahissant ainsi ces imbéciles étriqués, tout comme lui avait été trahi. À défaut, si cela devait n'intéresser personne, il achèterait de l'essence, s'introduirait par effraction dans ses anciens bureaux, mettrait le feu pour voir un peu si ces enfoirés apprécieraient. Mais combien de temps les haïrait-il encore, quel effet une telle haine pouvait-elle avoir sur lui ? Allait-il mourir d'un cancer ? Comme les autres, il avait bel et bien cru qu'il était une exception et qu'il serait épargné !

Il a enfin trouvé le fusible qui remettait tout en route et l'a réenclenché. Il a senti une secousse et, une fois encore, leur horrible monde a redémarré, a repris ses ronronnements et vibrations.

De retour à la lumière, il fut sidéré de voir que Tom s'était remis à massacrer des individus à la peau sombre, dans un environnement qui évoquait vaguement un paysage du tiers-monde.

« Tu m'éteins ça tout de suite ! a-t-il hurlé. Ça suffit !

— Dégage, connard.

— S'il te plaît, Tom. Je t'en prie. Va faire tes devoirs. On vit dans un monde abominable, brutal, contrôlé par des chacals, des meurtriers. Il faut que tu sois prêt pour ça, si tant est que ce soit possible !

— Laisse-moi tranquille ! Et je t'interdis de me parler maintenant. »

Mike a saisi le garçon et il a tiré sur la chemise bleue de son uniforme pour le faire bouger de sa chaise.

« Fais ce que je te dis pour une fois !

— Va te faire foutre, vieux con ! Va mourir. Toute la journée, j'ai eu envie de jouer à ça !

— Je n'ai jamais parlé de cette manière à mon père.

— C'est pas ce que dit Maman. »

Tom était plus grand, plus fort, plus costaud que Mike ; parfois, quand il chahutait avec son père, il l'attrapait par-derrière, coinçait sa tête contre lui et le traînait ainsi à travers toute la pièce.

« Éteins ça, éteins ça, éteins ça ! » hurlait Mike. Il a arraché la manette des mains de son fils et l'a jetée par terre. Tom a basculé de sa chaise, comme s'il s'apprêtait à donner un coup de tête à son père ; Mike l'a frappé en pleine poitrine afin de le repousser, Tom a trébuché puis est tombé en arrière. Mike jura avant d'éteindre la télé.

« Qu'est-ce qui se passe ici ? Est-ce que c'est une bonne façon d'élever ses enfants ? »

Sa femme, qui semblait ne s'habiller que d'or et de diamants quand elle déjeunait avec ses amis, était vêtue d'un pantalon de survêtement et d'un vieux tee-shirt ce jour-là ; elle portait des lunettes à verres épais et des pantoufles blanches qu'elle avait ramenées d'un hôtel.

« Ça va ? Qu'est-ce qu'il t'a fait ? demanda-t-elle à Tom.

— Je crois qu'il m'a cassé le bras, répondit Tom en se frottant le coude.

— Ton père est fou.

— Il refusait d'éteindre son jeu, dit Mike. Je n'ai aucun amour, aucun respect de la part de ce garçon.

— Comment serait-ce possible ? reprit-elle. C'est trop tard. Tu l'as gâté, tu l'as négligé, comme un imbécile parfaitement ridicule. Et maintenant, tu t'attends à ce qu'il t'obéisse !

— Il m'a déchiré un bouton, dit Tom.

— Et qui est-ce qui va le recoudre ? » demanda Imogen en fixant Mike.

Elle travaillait pour un organisme de bienfaisance trois jours par semaine. Pour un salaire de misère, inévitablement, mais c'était elle la conscience de la famille et Mike savait qu'il était important de se montrer généreux. Contrairement à certains de ses amis, il n'avait pas envie d'une femme qui travaille dur comme lui et qui ne soit jamais à la maison.

Billy, dont Mike espérait qu'il ne grandirait jamais et qu'il resterait à l'âge qu'il avait pour toujours, intervint à son tour :

« Arrêtez de vous disputer ! Dites-moi plutôt si c'est sûr qu'on ira chercher ma guitare samedi !

— Je sais que j'ai dit qu'on irait, lui a répondu Mike. Mais je dois y réfléchir avant.

— Tu étais dans un groupe. Il s'appelait comment ?

— Les Falzars Bizarres.

— C'est vraiment ridicule comme nom de groupe, dit Tom qui envoyait des textos frénétiquement.

— Pareil pour le tien : Soixante-Neuf, alors que tu ne sais même pas ce que ça veut dire, lui a rétorqué Mike.

— Si, je sais. Ça fait des années que tu n'as pas pu t'en offrir un, mon vieux, et c'est fini pour toi.

— Attends un peu d'être marié, tu verras.

— Tu as promis à Billy une guitare, un ampli, un micro, ajouta Imogen. Maintenant, il faut que tu assures la livraison.

— Dis que je suis le livreur, tant que tu y es. Oui, c'est comme ça que je m'appelle. Mais, même toi, tu auras peut-être remarqué qu'on est en plein marasme économique en ce moment.

— Ah, voilà ! Toutes les excuses sont bonnes pour ne pas assumer.

— Eh oui : je ne sais faire que ça. Mais toi ? Qu'est-ce que tu aurais bien envie d'avoir ?

— C'est gentil de demander. Ça fait des semaines que je te dis que j'ai besoin d'un nouvel ordinateur.

— Je vais te ramener le tout dernier portable de chez Apple. Avec une imprimante, et peut-être l'iPod qui vient de sortir. Chacun devrait avoir ce qu'il veut quand il le veut. Pourquoi ne pas faire une liste pour que je n'oublie personne ? »

Elle se versa un autre verre avant de commenter :

« Enfin des paroles sensées ! Les choses évoluent ici. »

Depuis qu'elle avait trouvé qu'elle n'était « pas complètement épanouie », elle se disait qu'elle allait suivre une formation de thérapeute. Elle en aurait au moins pour trois ans et il avait accepté de payer ses droits d'inscription mais aussi de la soutenir psychologiquement tout au long de ses études. « Le jour où j'aurai un salaire, précisait-elle, toute la famille s'en portera mieux. » Tout ce qu'il dépensait pour elle était une forme d'investissement. Il faudrait qu'il reconsidère tout ça sérieusement. Et dire que, juste avant cette crise, il avait espéré que, bientôt, il gagnerait suffisamment bien sa vie pour leur assurer un avenir sans inquiétude.

Au moment où il se levait, elle lui dit : « Tu as fait la vaisselle mais tu as oublié de débarrasser ces assiettes. » Mike empila les assiettes et les posa dans l'évier. Elle poursuivit : « Tu sais, vu tes habitudes, tu aurais dû épouser une personne qui n'attache pas d'importance à son intérieur et qui aurait été moins exigeante sur tout ça. »

Elle refusait de voir qu'avec l'âge il aimait de plus en plus l'ordre et le rangement. Il faisait venir une femme de ménage bulgare trois fois par semaine ; elle était enceinte mais ne ménageait pas sa peine, craignant trop de perdre sa place au profit de quelqu'un d'autre.

Mike et sa femme considéraient qu'ils étaient égaux, ce pourquoi il était hors de question qu'Imogen lave le carrelage de la cuisine, récure leurs quatre W.-C. ou passe l'aspirateur dans la maison. Étant donné que le capitalisme s'effondrait sous le poids de ses contradictions, comme les marxistes l'avaient prédit (mais ni les communistes ni les islamistes n'étaient responsables de ce délitement), il faudrait que la famille se trouve une maison plus petite et qu'ils partagent les tâches domestiques, comme tout le monde. Si le confort matériel disparaissait, quelles consolations restait-il au capitalisme ? S'il n'y avait plus de bénéfice moral, s'il n'y avait plus d'autre vie, qui pouvait bien avoir envie de le défendre ?

« Allez, viens, dit Imogen à Tom. On va faire tes devoirs de français dans ta chambre.

— Je vais lire une histoire à Billy, dit Mike. Tu es prêt, mon garçon ? »

Quand Billy s'était lavé les dents et qu'il avait enfilé son pyjama, ils s'allongeaient sur le grand lit pour discuter, la tête du garçon tout contre le torse de Mike ; ou ils jouaient à se battre, chantaient, lisaient jusqu'à ce que le gamin s'endorme, et son père aussi la plupart du temps. C'était le moment de la journée que Mike préférait.

Imogen caressa la tête de son mari avant de récupérer le sac de Tom et son manuel de français. Mike lui dit :

« Chérie, il y a eu une merde au boulot.

— Ça ne change pas de d'habitude ?

— Il faut qu'on en parle.

— Tu as besoin qu'on s'intéresse à toi, ou quoi ? » lui demanda-t-elle.

Elle montait l'escalier avec Tom, qui rigolait au souvenir de quelque chose qui s'était passé à l'école.

« S'il te plaît, Imogen, insista Mike.

— Tout à l'heure, si je ne suis pas endormie. Ou demain.

— Ce soir, je pense.

— Peut-être, répondit-elle. Quand je serai moins épuisée par tout un tas de trucs, en tout cas.

— D'accord. Dis-moi quand tu seras prête. »

Une histoire horrible

Quand Éric claqua la porte d'entrée, il faisait froid et il pleuvait à verse. L'hiver arrivait déjà ; il n'avait guère envie de sortir. Mais il avait promis de retrouver Jake à sept heures et il ne pouvait pas le laisser tomber. De fait, il n'était pas très loin : en cinq minutes, il y serait.

Il se dépêcha d'entrer dans le café, bien éclairé, bien chauffé, où il n'y avait quasiment personne ; il accrocha son manteau puis s'installa. Les serveurs le connaissaient bien et lui amenèrent le vin qu'il aimait sans qu'il ait besoin de leur demander quoi que ce soit. Éric venait là presque tous les jours : il lisait le journal, passait des coups de fil, travaillait sur son portable.

Il but la moitié de son verre d'un trait, pour se calmer un peu après la dispute qu'il venait d'avoir avec sa femme. Assise à la table de la cuisine avec leur garçon de neuf ans, elle était en train de lui faire faire ses devoirs quand Éric, qui avait pris un verre de vin, crut bon de commenter la situation politique du moment. Sa femme lui demanda de se taire mais il n'en avait pas envie ; il avait quelque chose d'urgent à dire. C'est là qu'elle avait déclaré qu'il avait toujours quelque chose d'urgent à dire au mauvais moment. Est-ce qu'il souhaitait que son fils réussisse dans la vie ? Ou est-ce que le garçon n'aurait pas d'autre choix que de devenir aussi crétin que son père ? Le ton avait monté. « Tu ne m'écoutes pas ! » « Tu ne dis jamais les choses au bon moment, quand on aurait envie de t'écouter ! » « Tu n'es jamais disponible ! » « Tu es un abruti ! »

Éric frissonnait et gloussait en repensant à ce moment où ils s'étaient copieusement insultés devant leur fils.

Ils lui manquaient et, de fait, il n'était pas plus emballé que ça par la perspective de voir Jake ; il ne le connaissait pas bien. Ils s'étaient rencontrés par le biais d'une connaissance commune trois ans plus tôt au Jazz Café de Camden et avaient découvert qu'ils aimaient tous les deux la période « électrique » de Miles Davis et le jazz norvégien de ces dix dernières années. Ils en parlaient toujours avec un certain plaisir, ainsi que du club de foot de Liverpool, de leur enthousiasme pour les juke-boxes, les comiques, leur famille, si bien qu'ils rentraient chez eux relativement satisfaits. Jake s'était toujours montré généreux ; il travaillait dans les nouvelles technologies et, même s'il voyageait beaucoup, il trouvait le temps de graver des CD de groupes inconnus qu'il lui envoyait régulièrement. Éric, lui, travaillait sur des spots publicitaires et il s'efforçait de dénicher les DVD des films les plus récents pour Jake et sa famille.

Comme leurs épouses s'intéressaient toutes les deux à la psychologie, ils avaient décidé, le Noël précédent, d'aller déjeuner chez Jake pour rencontrer sa femme et ses filles mais, finalement, ça ne s'était pas fait.

Éric aperçut Jake qui arrivait en courant. Ils se serrèrent la main. Jake s'installa.

« Comment tu vas, monsieur ? Ça fait trop longtemps, dit Jake. La dernière fois qu'on s'est vus, c'était quand ? Au début de l'année ? Je crois que c'était en février. Je me souviens que j'avais pris des crevettes. Il me faut une bonne bière. Tu en prends une aussi ou tu restes au vin ?

— Oui, je suis au vin blanc en ce moment, répondit Éric. Je considère que ça fait partie de mon nouveau régime et je tiens le coup depuis trois mois.

— Félicitations !

— Je n'ai pas perdu un gramme. Enfant, j'ai toujours été mince. J'ai pensé que je le resterais. »

Il se tapota le ventre.

« Mais je suis trop confiant, reprit-il.

— Il y a quelque chose qui ne va pas ? demanda Jake.

— Hier soir, avec ma femme, on s'est fait une orgie avec un paquet de biscuits au chocolat et, du coup, j'ai passé une journée atroce. Un vrai poignard, la culpabilité. Mais j'ai commencé à faire un peu d'exercice. Je fais du footing, ou plutôt, je me promène tranquillement le long du canal, en écoutant les disques extraordinaires que tu m'envoies. Et toi ? Quoi de neuf ? »

Jake avait mis les lunettes qu'il portait autour du cou, il examinait le menu avec intérêt. Éric se disait que Jake devait être un tout petit peu plus vieux que lui – probablement dans les quarante-cinq ans. Au début, il lui donnait l'impression d'être grand, flegmatique, mais maintenant, il avait l'air vaguement décharné, d'autant que le col de sa chemise était trop grand pour lui. Est-ce qu'il avait rétréci, quelque part ? Avec ses attitudes de vieux prof, il avait toujours fait plus sérieux qu'Éric, plus austère aussi. C'est forcément le cas quand on aime à ce point la morosité et la mélancolie glacées du jazz norvégien.

« Tu as perdu du poids, lui dit Éric. Plus que moi. Je suis jaloux.

— Je suis content que tu me dises ça. Au moins une bonne nouvelle.

— Et toi ? Qu'est-ce que tu écoutes en ce moment ? Des nouveaux groupes ?

— Je n'ai pas été capable de beaucoup me concentrer ces derniers temps, lui répondit Jake. Ça a été fou, vraiment tragique. Mais, promis, je trouverai de nouveaux trucs le mois prochain.

— Ça me ferait très plaisir. Je m'ennuie tellement. Pas toi ?

— Tu veux le menu ?

— Je sais déjà ce que je vais prendre.

— OK. On peut commander ? Je meurs de faim. »

Éric fit signe au serveur ; ils commandèrent une bière pour Jake et de quoi manger pour deux.

« Éric, pourquoi tu veux savoir si je m'ennuie ?

— Peut-être parce que la dernière fois qu'on s'est vus, tu as dit que les choses n'allaient pas très bien avec ta femme, même si j'avais le sentiment que ce que tu me racontais, c'était plutôt normal. Elle ne voulait plus coucher avec toi et tu avais décidé de vivre seul quelque temps. Rude épreuve, mais souffrance assez répandue.

— Oui, je me souviens, je t'avais dit que j'étais prêt à tout accepter jusqu'à ce qu'elle aille mieux. Elle avait commencé une thérapie avec un jungien ; je crois que je t'en avais parlé. Un psy excentrique mais pas trop loufoque non plus.

— Je trouve ça amusant, dit Éric. Il couchait avec ses patientes.

— Quoi ? Pourquoi tu dis ça ?

— Jung, si je ne me trompe pas, n'avait pas la même façon d'envisager la question que Freud, qui ne couchait pas à droite à gauche. Et pourtant, Freud disait que la sexualité était au cœur de tout, tandis que Jung affirmait le contraire.

— Ma femme a toujours voulu faire des études, dit Jake, et donc j'ai accepté de tout payer pendant sa thérapie, puis pendant la formation qu'elle faisait pour devenir psychologue – même si on dit que, la plupart du temps, ce genre d'envie, ça relève inévitablement d'une forme d'instabilité mentale…

— Absolument.

— Mais pas dans tous les cas ?

— Oh que si, dans tous les cas », répondit Éric, tout en se commandant un autre verre de vin.

Jake poursuivit : « Ma femme se moque bien du jazz scandinave, tout particulièrement des noms du style Seigneur des Anneaux : Frode, Arve, Arild, Siguard. Mais elle a un gros faible pour les vêtements, comme mes chères filles. Elle prétend que son humeur dépend des habits qu'elle porte ; ce pourquoi elle en a rempli notre appartement.

— De ses humeurs ? »

Jake éclata de rire et reprit :

« Contrairement à ta femme, la mienne coûte cher.

— Dis-moi, demanda Éric. Ça fait un moment que je voulais t'en parler. Quand tu classes ta musique, c'est par artiste, par année, par pays, ou tu as d'autres critères ? Personnellement, j'aime bien mettre ensemble les morceaux des mêmes artistes, ça provoque une sorte d'excitation sexuelle chez moi. »

Jake rit.

« Je les classe par artiste mais, dans certains cas, je les classe par maison de disque. Mais c'est sûr, il y a parfois des décisions qui sont vraiment dures à prendre. »

Il poursuivit : « Mais je n'ai pas le temps de faire beaucoup de classement.

— Ah bon ? Trop de travail ?

— Ma mère est morte.

— Je suis désolé, dit Éric. Ça doit être dur.

— Merci. Et quelques jours avant, Julie m'a annoncé qu'elle aimait son thérapeute, qu'elle en était amoureuse. C'était un homme de sagesse, intelligent, qui comprenait tout d'elle. »

On leur apporta leurs plats et ils commencèrent à manger.

« Comment se fait-il que j'aime autant la cuisine de cet endroit médiocre ? demanda Jake.

— La prochaine fois, répondit Éric, comme c'est toujours toi qui fais le trajet pour venir me voir, on devrait aller au pub de ton quartier.

— Oui, d'accord. Éric, je ne connais pas grand-chose à la thérapie mais j'ai entendu dire que l'attirance pour le psy, ça fait partie du processus. C'est naturel, c'est même normal. C'est ça la cure.

— Impressionnant. J'ai toujours eu envie de me faire hypnotiser. Tu as déjà essayé ?

— Tu es en train de me dire que j'en ai besoin ?

— Je ne sais pas pour toi. Mais je pense que moi, oui.

— Julie appréciait de moins en moins mes blagues sur Jung. Elle connaissait la théorie de l'idéalisation du thérapeute. Elle m'a dit que ce n'était pas seulement ça. En fait, elle couchait réellement avec lui.

— Tu rigoles ? Avec le jungien ?

— Elle m'a dit qu'elle avait envie de vivre avec lui. Il avait envie de vivre avec elle. Elle m'a dit aussi qu'on avait tous un idéal et qu'elle l'avait enfin trouvé.

— Jake, tu prends seulement une entrée ? lui fit remarquer Éric avec inquiétude. C'est assez pour toi ?

— Je n'ai pas très faim ces derniers temps ; une entrée, c'est très bien comme ça. Et je vais manger tout le pain aussi. »

Il poursuivit : « J'ai dit à Julie que c'était de la folie. Que j'allais dénoncer ce thérapeute à l'ordre des médecins, afin de protéger ses autres patients. Mais que l'essentiel, c'était la cohésion de notre famille. Le bien-être de nos filles à la maison, avec nous. Elles sont jeunes : neuf et sept ans.

— C'était vraiment faire preuve de tolérance, de noblesse même. Qu'est-ce qu'elle a dit ?

— Elle m'a répondu que je devais me trouver un autre logement le plus vite possible. Et bon, après ça, j'étais ravagé.

— Ah, c'est pas vrai, Jake…

— Le lendemain, je devais partir rejoindre ma mère, pour passer avec elle les dernières semaines qui lui restaient à vivre. Quand j'étais là-bas, à faire ce que je devais faire auprès d'elle, j'ai eu Julie et les filles au téléphone. Elles s'inquiétaient pour moi. C'était comme si rien ne s'était passé. J'espérais que ce soit le cas. Mais, non, Éric. Il s'était bel et bien passé quelque chose. "Tu as trouvé où te loger ?" m'a demandé ma femme. Je lui ai dit : "Tu te moques de moi, comment est-ce que je pourrais m'en occuper, alors que ma mère est en train de mourir ?" Ma mère était à peine décédée que je suis rentré directement. J'avais un pressentiment, tu sais. Quand je suis arrivé à la maison, ma femme était partie, elle avait emmené les filles. Elle était dans une petite ville quelque part en France, là où sa mère et sa famille habitent. »

Éric commenta : « Je crois que les femmes préfèrent leur mère à leurs enfants. »

Jake repoussa son assiette :

« Je prendrais bien un autre verre. Et toi ?

— S'il te plaît, oui.

— Je me suis précipité là-bas, dans ce coin de campagne où j'ai souvent été et que j'aime beaucoup. Mais Julie s'est montrée hostile, presque folle de haine. Je lui ai expliqué que nos filles parlaient à peine français, qu'elles devaient rentrer, qu'elles avaient besoin d'aller à l'école, de voir leurs amis. Que c'était trop brutal.

— C'est sûr.

— Est-ce que ça t'est déjà arrivé, que quelqu'un que tu pensais connaître de manière intime ait changé à un point tel que tu ne le reconnais plus ? Elle était froide, très formelle, comme si elle s'adressait à un inconnu. Je l'avais toujours aimée, malgré ses problèmes. J'aimais sa voix. Elle était curieuse, elle s'intéressait aux jardins. Je voulais ne faire qu'un avec elle, je voulais l'aider. Mais j'ai compris qu'elle était désormais ailleurs. Ses yeux étaient morts, Éric.

« Elle m'a dit qu'elle ne savait pas trop ce qu'elles allaient faire mais elle pensait repartir à Londres avec les filles : les grands-parents étaient de plus en plus irritables. L'espace d'un instant, je me suis senti soulagé, puis elle a ajouté qu'elle avait l'intention de s'installer avec le thérapeute. Il l'attendait, il prenait les dispositions nécessaires. Ça me mettait hors de moi, Éric, de penser que ce gars-là prenait des “dispositions” pour me remplacer dans ma propre famille.

— Bon sang, Jake, c'est terrible. Tu parles d'une nouvelle. Un vrai coup à l'estomac. Ne parle pas si vite, tu vas avoir une indigestion.

— Ce n'est rien à côté du reste. Julie m'a rassuré, me disant qu'il s'entendait bien avec les enfants en général. Mais ils ne pouvaient pas s'installer ensemble tant que la maison n'était pas vendue, parce que le fameux thérapeute n'avait pas un sou. Il n'avait pas une grosse clientèle. Il est plus jeune qu'elle et il démarre tout juste.

— Tu allais te faire mettre à la porte de chez toi ?

— Oui ; c'est dingue, non ? Où est-ce que j'allais pouvoir mettre toutes mes affaires ?

— Et cette discussion, vous l'avez eue en France ?

— Je ne te l'ai pas déjà dit ? Oui, dans une vieille maison, qui a quelques centaines d'années au moins. J'étais venu demander si les filles pouvaient assister aux funérailles de leur grand-mère, mais Julie a refusé, sous prétexte que je pourrais les enlever. Elle a précisé qu'elle avait déjà prévenu la police française et la police britannique en leur disant que, peut-être, je tenterais quelque chose ! Je n'avais pas le droit de rester seul avec elles comme si, d'un seul coup, j'étais devenu un monstre.

Comment est-ce que j'avais pu me transformer comme ça, du jour au lendemain ? Les filles n'arrêtaient pas de demander quand elles rentraient à la maison. Mais je ne pouvais pas leur dire la vérité.

« Et puis, sous le regard effaré des grands-parents maternels, la cadette, qui n'avait pas dit un mot, a sorti son violon pour nous jouer un air plein de fausses notes. À la fin du morceau, j'étais en larmes. Quand je suis parti, elle me regardait à la fenêtre en criant : "Papa, Papa !"

« Je suis rentré en Angleterre, j'ai accompagné ma mère jusqu'à sa tombe et je suis retourné au boulot. J'ai vendu l'Audi A5, je me suis acheté une Astra d'occasion, j'ai engagé des avocats et, pour les payer, j'ai pris une locataire, une fille qui pourrait aussi faire le ménage parce que je craignais de devenir négligent – vis-à-vis de la maison, vis-à-vis de moi aussi. Ma femme avait vidé notre compte commun. Tu en as un, toi ?

— Maintenant que tu en parles, oui, j'en ai un. Merci d'attirer mon attention sur le sujet.

— Julie est rentrée à Londres et elle est passée à la maison récupérer quelques-uns de ses vêtements. En arrivant, elle est tombée sur la locataire, une jeune Tchèque.

« Je t'ai dit que la personnalité de Julie avait changé ; elle était étrange, pas très naturelle. Sa folie, j'imagine. Mais, pour te donner un exemple : elle a commencé à insulter la pauvre fille quand elle a découvert qu'elle avait un lit dans son ancien bureau. Elle a commencé à hurler que j'étais un salaud, alcoolique, pédophile, un voleur aussi, et tout ce qui va avec. Elle braillait. La fille était tétanisée, elle me regardait aussi d'un air curieux, nerveux.

« Et qu'est-ce que je pouvais répondre : "Non, je ne suis pas un pédophile alcoolique" ? C'était ahurissant de devoir entendre ça. Je ne pouvais pas me défendre, sauf à lui dire : "S'il te plaît, s'il te plaît, essaie de te contrôler." »

Jake regardait Éric.

« Tu te dis qu'il y a quelque chose de fou chez ce Jake, qu'il a dû faire le mauvais choix ? C'est ça que tu te dis ? C'est ça ? Comment ça se fait qu'il n'a pas remarqué qu'il avait épousé une folle ? Comment peut-on passer à côté d'un truc pareil ? Mais elle ne s'est jamais comportée comme ça avant ! Peut-être qu'on appelle ça de la régression. En tout cas, elle a bien caché son jeu.

« Julie était horrifiée de voir que la fille occupait son bureau. Je voyais qu'elle avait envie de lui cracher dessus ! J'ai demandé à la fille de sortir, j'allais régler ça. Julie a pris des tas d'affaires au hasard avant de partir en courant. Je l'ai regardée par la fenêtre : elle avait voulu prendre trop de choses et semait des vêtements dans la rue. »

Il y eut un moment de silence.

« Eh bien, dis donc, reprit Éric. Tu avais besoin de temps pour savoir ce que tu allais faire. »

Jake soupira. Éric poursuivit :

« Ces crevettes avaient l'air bonnes. Mais, bizarrement, c'est avec la salade que je me suis régalé, alors que j'ai toujours pensé que manger de la salade, c'était une forme d'échec.

— Je vois ce que tu veux dire.

— Et qu'est ce qui s'est passé après ?

— Viens, on sort. »

Jake avait envie de fumer ; les deux hommes enfilèrent leur manteau et sortirent sous l'auvent du café, tandis que les gens hâtaient le pas sous la pluie.

Jake reprit :

« De toute évidence, il y avait des choses que j'avais besoin de savoir. J'ai donc décidé de contacter le plus possible de ses anciens amis, tous ceux que je pouvais retrouver. Le choc a été rude : certains étaient d'une violence, d'une grossièreté. Il y en a un qui m'a dit : "J'espère que les filles te détesteront quand elles seront plus grandes." Qu'est-ce qu'elle avait bien pu leur raconter sur moi ?

« Mais j'ai finalement réussi à joindre une de ses amies. Laisse-moi te dire qu'après m'être senti devenir fou, presque violent et suicidaire, je devais faire un sacré effort pour donner le change. Si jamais je laissais penser que j'avais disjoncté, on aurait dit que toute cette catastrophe, c'était parce que j'étais devenu dingue. C'est moi le dingue, tu imagines un peu ?

« Cette amie m'a confié que Julie était à Londres, qu'elle voyait le thérapeute en attendant de trouver une solution. Apparemment, ça faisait un petit moment que ça durait. À plusieurs reprises, Julie m'avait dit : "Il y a quelqu'un dans ta vie." Elle ne supportait pas que je lui dise le contraire. La vraie vérité remontait à la surface.

« J'ai appelé Julie, dans l'espoir de discuter avec son être rationnel, mais j'ai eu son répondeur, à qui j'ai débité un long monologue où je lui disais que nous devrions nous voir pour discuter en toute franchise.

« Le même soir, je suis rentré à la maison et elle était là, endormie dans mon… dans notre lit. J'avais le cœur qui battait à tout rompre. Je me disais, elle est revenue, comme avant, tout est oublié.

« En m'approchant, j'ai vu qu'elle ne dormait pas, elle était droguée, aux tranquillisants ou aux analgésiques peut-être, je n'en savais rien ; elle avait une blessure au front qui n'avait pas été soignée. Elle s'en était tenue aux drogues légales. Est-ce qu'elle avait eu envie de se tuer, ou bien est-ce qu'elle avait eu envie de dormir ?

« Je l'ai portée jusqu'aux toilettes, je l'ai fait vomir, puis je l'ai reportée sur le lit. Je me suis allongé à côté d'elle. Je l'ai prise dans mes bras et je l'ai embrassée, caressée. Je regardais ses seins, je les touchais, je me souvenais à quel point je les aimais. L'auréole – c'est comme ça qu'on dit ? L'auréole de ses seins me souriait.

— Vraiment ?

— Je me souvenais de la manière dont j'avais pris soin de Maman alors qu'elle se réduisait à une tête chauve et des os dans un lit d'hôpital.

« Je me souvenais des bons moments que Julie, moi et les filles, on avait eus, du temps où on formait une famille.

« Quand Julie s'est réveillée, elle a essayé de parler. Elle avait une voix fêlée, fragile. “Les choses ne vont pas bien, Jake”, m'a-t-elle dit.

« “Pourquoi est-ce que tu ne vas pas retrouver ton cher amour ?” lui ai-je demandé.

« Elle a détourné la tête et s'est mise à pleurer. J'en ai forcément déduit que son ami avait plus ou moins repris ses billes. Qui n'aurait pas été ravi à ma place ?

Qui peut avoir envie qu'un thérapeute corrompu et répugnant s'occupe de ses enfants ? Un homme capable de coucher avec une patiente peut coucher avec n'importe qui !

— Oui.

— Mais je me suis bien gardé de dire quoi que ce soit tout le temps où elle a pleuré, cette femme que j'aime encore, que je désire plus que toute autre. »

Éric l'interrompit :

« Tu n'as pas songé à lui demander de revenir vivre avec toi ?

— Je l'aime et je la déteste, mais je ne sais pas si elle veut encore de moi aujourd'hui. En tout cas, elle a confirmé que le thérapeute l'avait quittée. Mais il y avait autre chose. Elle a dit que la femme du thérapeute, qui était enceinte…

— Julie le savait ?

— Je n'en suis pas sûr. J'ai tendance à penser que non. Enfin, bref, quand la femme du jungien, enceinte, a eu vent de la liaison, elle est allée sur son balcon, s'est jetée dans le vide la tête la première et elle est morte.

— Oh, bon sang, dit Éric tout en se frottant les yeux et le front. Ça prend des proportions… Je n'en reviens pas.

— À qui le dis-tu. Voilà, il avait perdu son enfant après m'avoir pris les miens. »

Jake poursuivit en riant : « Les gens n'arrêtent pas de me dire de faire une thérapie. Ça doit être une blague ! » Puis il ajouta : « Après, cet homme a refusé de voir Julie et, donc, elle est allée chez lui, elle s'est installée devant sa porte. Elle a dormi sur le palier toute la nuit, comme un chien, elle était gelée. Le matin, quand il est sorti, elle lui a couru après, il l'a repoussée, et c'est là qu'elle a trébuché et s'est blessée à la tête. Il a cherché à s'enfuir. Elle a commencé à crier et il a appelé la police.

« Avant qu'ils arrivent, il a dit qu'il ne voulait plus jamais la voir. C'était sa faute. Il n'avait pas beaucoup d'expérience, elle l'avait séduit à un moment où il était particulièrement vulnérable et sensible aux flatteries d'une femme. Il s'était comporté comme un imbécile, il était humain aussi, mais elle avait été impitoyable, malveillante, mauvaise même, elle avait détruit sa vie à lui, ainsi que celle de plusieurs autres.

— Effectivement.

— Cette accusation l'a ravagée. Elle disait qu'elle n'avait rien fait, qu'elle était seulement tombée éperdument amoureuse pour la première fois de sa vie. En quoi était-ce un crime ? »

Jake et Éric rentrèrent s'asseoir à leur table, Éric demanda l'addition. « C'est pour moi », dit-il.

Jake continua :

« Le lendemain matin, Julie prenait un train pour la France.

— Jake, qu'est-ce que tu vas faire maintenant ?

— Les avocats ont senti l'odeur du sang et, donc, j'ai pris la décision d'écrire à mes amis pour leur demander de l'argent, sans détour. Je travaille encore mais j'ai besoin d'argent pour payer mes billets de train pour la France ; le week-end, parfois, ça me permettra de prendre une chambre dans un petit hôtel : je passerai quelques heures avec mes filles, pour qu'elles ne m'oublient pas. Avant d'en avoir la garde, il faut que je survive, sinon je finirai à la rue. »

Éric paya l'addition puis ils sortirent. Ils se serrèrent la main, Éric ouvrit son parapluie et Jake lui demanda : « Est-ce qu'on peut se voir la semaine prochaine ou, si c'est trop tôt pour toi, la semaine d'après ? Ça t'irait ? Si je ne parle pas à quelqu'un, il va y avoir un autre mort.

— Oui, oui, appelle-moi quand tu veux.

— Et toi, ta famille, ça va bien ?

— Très bien, merci. Mon fils est en train de devenir un assez bon footballeur.

— Tu as de la chance. Tu es béni des dieux. »

Éric se fit la réflexion qu'il était dix heures seulement quand il rentra chez lui. Il ferma la porte à clé, chose qu'il ne faisait jamais d'habitude, s'avança dans l'entrée sans faire de bruit, alors que sa femme et son fils dormaient, il en était certain. Il retira ses chaussures pour monter les escaliers. Sa femme dormait bel et bien, elle avait enfilé le pull-over qu'il venait de s'acheter et s'était allongée juste sur le bord du lit tandis que leur fils était étalé en plein milieu. Le peu de place qui restait était occupé par leurs deux chats.

Éric s'assit sur le lit, les regardant tous les deux. Puis il ouvrit les rideaux afin de pouvoir les embrasser à la lumière de la lune.

Il se demandait ce que Jake ferait en rentrant chez lui. Est-ce qu'il regarderait des photos de la famille qu'il n'avait plus ?

Le garçon avait neuf ans, il était lourd, mais Éric le prit dans ses bras et le remit dans son lit. Quand lui-même se coucha, il resta éveillé aussi longtemps qu'il put, à écouter sa femme respirer et à attendre la lumière du jour.

Table

Réalisation : Nord Compo à Villeneuve-d'Ascq
Impression : Normandie Roto Impression s.a.s. à Lonrai
Dépôt légal : septembre 2010. N° 2068 (10-2441)
Imprimé en France